Detlef Guhl

Zugmeldung

Der Betriebsdienst der Deutschen Bundesbahn

alba Buchverlag Düsseldorf

Bei der Abfassung des Manuskriptes wurden neben Aufzeichnungen des Autors die Dienstvorschriften der Deutschen Bundesbahn herangezogen.

Außerdem standen die Herren Erdmann, hauptamtliche Lehrkraft der Bundesbahnschule Buchholz in der Nordheide und Wessel, Dienststellenvorsteher des Bahnhofs Essen-Steele, dem Autor unterstützend und beratend zur Seite.

Copyright: © 1979 Alba Buchverlag GmbH + Co. KG, Düsseldorf
Nachdruck, auch auszugsweise, nur mit schriftlicher Genehmigung des Verlages
Erschienen: März 1979
Herstellung: Druckerei Knipping, Düsseldorf
Einbandgestaltung: Harry Rabbel, Haan
Layout: Karlheinz Hartung
ISBN: 3-87094-061-1

Inhalt

Vorwort	5
Prolog	7
„Was ist das eigentlich – Betriebsdienst?"	9
Begriffserklärungen	11
Die Stellwerke der Deutschen Bundesbahn	14
Die Signale der Deutschen Bundesbahn	23
Die schriftlichen Befehle	42
Der Rangierdienst	46
Die Bremsprobe	50
Die Bahnübergänge	54
Die Fahrpläne	58
„Zugmeldung!"	61
Der Regelbetrieb auf zweigleisigen Strecken	61
Der Regelbetrieb auf eingleisigen Strecken	64
Betriebsstörung – was geschieht?	69
Der Schienenbruch	69
Unfallmaßnahmen	70
Die Gleissperrung und die Sperrfahrt	71
Abweichungen vom Regelbetrieb	72
Der Falschfahrbetrieb	72
Der signalisierte Falschfahrbetrieb	72
Der zeitweise eingleisige Betrieb	73
Der Gleiswechselbetrieb	73
Epilog	76
Sachverzeichnis	77

Vorwort

Wer – aus welchem Grund auch immer – eine größere oder kleinere Entfernung überbrücken möchte und sich bei der Wahl des Verkehrsmittels für die Eisenbahn entscheidet, der steigt in einen Zug und erwartet, daß er sicher und pünktlich sein Ziel erreicht. Sollte er unterwegs umsteigen müssen, wäre es ihm natürlich lieb, wenn er mit seinem Anschlußzug weder zu früh noch zu spät die Reise fortsetzen könnte.

Hinsichtlich der Pünktlichkeit kann es auch bei einer Reise mit der Bahn unliebsame Überraschungen geben. Die Faktoren „Wetter" und „Betriebsstörungen" sind selbstverständlich in der Lage, den Fahrplan umzustoßen; wobei allerdings nicht übersehen werden darf, daß sich schlechtes Wetter auch auf den Straßenverkehr – und bei diesem verstärkt – auswirkt und auftretende Betriebsstörungen – in keiner Technik auszuschließen – zur Sicherung des gesamten Eisenbahnbetriebes schnellstens beseitigt werden.

Somit kommen wir von Sicherung zur Sicherheit, die bei der Eisenbahn immer mitfährt. Sie hat zwar auch einen Unsicherheitsfaktor, der im Falle des Falles „menschliches Versagen" genannt wird.

Anders jedoch als bei Wetter- und Betriebsstörungen, deren Ursachen meistens unabwendbar sind, wird der Mensch einerseits durch die von ihm bediente Technik und andererseits durch Aufsichtsführende, die regelmäßig auf die genaue Einhaltung der umfassenden Vorschriften achten, ständig überwacht, um einem Versehen bzw. Versagen entgegenzuwirken.

Was aber geschieht zur Sicherheit und Pünktlichkeit, nachdem der Reisende in seinem Abteil Platz genommen hat? Was tut sich in den Stellwerken der Bahnhöfe und der freien Strecke?

Wer macht was, was überwacht wen?

Welche weitverzweigten Vorgänge setzt die Abfahrt eines Zuges in Bewegung?

Dieses Buch soll dem Eisenbahnfreund einen umfassenden Einblick in den Betriebsdienst gewähren. Darüber hinaus dient es der Ausbildung und Fortbildung von Nachwuchskräften und Beamten der Deutschen Bundesbahn.

In enger Zusammenarbeit mit Fachkräften der DB entstand ein Buch, dessen fachlicher Teil zum besseren Verständnis in eine Rahmenhandlung eingebunden wurde. Skizzen und Abbildungen sollen die Zusammenhänge deutlich machen und das Gelesene veranschaulichen. Der fachliche Teil und die Rahmenhandlung unterscheiden sich optisch durch verschiedene Schriftarten.

Im Anhang des Buches befindet sich ein Sachverzeichnis. Die dort aufgeführten Begriffe erscheinen im Text *kursivgedruckt*.

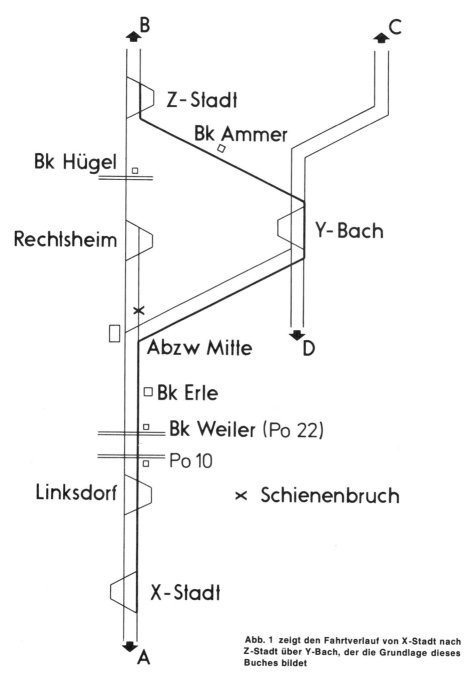

Abb. 1 zeigt den Fahrtverlauf von X-Stadt nach Z-Stadt über Y-Bach, der die Grundlage dieses Buches bildet

Prolog

Der 16. März ist neblig, trüb und naß. Das unfreundliche Wetter macht allen zu schaffen. Gegen Mittag verdichtet sich der Nebel, und als um 16 Uhr der Berufsverkehr einsetzt, beträgt die Sicht nicht mehr als 20 Meter.

Schrankenwärter Körner – er und alle anderen vorkommenden Personen sind frei erfunden – hat Spätdienst auf Posten 10. Dieser Schrankenposten liegt an der Strecke zwischen Linksdorf und Rechtsheim und schützt den Bahnübergang einer stark frequentierten Landstraße.

Es ist halb fünf. Die früh einsetzende Dunkelheit verschlechtert die ohnehin ungünstigen Sichtverhältnisse. Die Autos fahren im Schrittempo. Körner beobachtet den Bahnübergang ständig, um eine eventuell auftretende Verkehrsstockung sofort berücksichtigen zu können. Mistwetter, denkt Körner.

Zur selben Zeit steht im Bahnhof Z-Stadt in Gleis 2 der D-Zug 534 nach X-Stadt. Während die Reisenden aus- und einsteigen, beladen Mitarbeiter der Bundespost den Postwagen am Schluß des Zuges mit Briefsäcken und Paketen. In einem der zahlreichen Postsäcke befindet sich ein Brief an einen Herrn Ulrich Miermann in X-Stadt, Gartenstr. 22. Geschrieben hat diesen Brief ein Jürgen Lorenz in Z-Stadt in der Mühlenstraße 17.

„Lieber Uli", steht in dem Brief, „wir haben uns eine Ewigkeit nicht gesehen" undsoweiter undsoweiter, „würde es mich freuen, Dich am Samstag, den 20. März, anläßlich eines Treffens alter Studienkollegen" undsoweiter undsoweiter, „hier bei mir in Z-Stadt, Mühlenstraße 17, begrüßen zu können. In alter Frische" undsoweiter, „Dein Jürgen Lorenz." Um 16 Uhr verläßt der D 534 planmäßig Z-Stadt.

Triebfahrzeugführer Jansen ist mit dem Nahgüterzug 63212 von Y-Bach nach Linksdorf unterwegs (Abb. 1). Vor ungefähr 40 Minuten hat er den Bahnhof Y-Bach verlassen und nähert sich nun der Abzweigstelle Mitte. Das Fahren bei diesem Wetter erfordert seine ganze Konzentration. Jansen ist wie jeder Triebfahrzeugführer streckenkundig, doch heute hat er das Gefühl, durch Watte zu fahren. Vor ihm taucht das Vorsignal der Abzweigstelle auf. Zwei gelbe Lichter zeigen ihm an, daß das folgende Hauptsignal auf „Halt" steht. Jansen drückt die Wachsamkeitstaste und verringert die Geschwindigkeit. Nach ungefähr 1000 Metern erkennt er, daß das Hauptsignal inzwischen jedoch auf „Langsamfahrt" steht. Jansen beschleunigt auf 40 km/h und fährt weiter an der Abzweigstelle Mitte vorbei in Richtung Linksdorf.

Block Erle befindet sich zwischen Block Weiler und Abzweigstelle Mitte an der Strecke Linksdorf–Rechtsheim und bedient die Blocksignale C und D.

Um 16.40 Uhr liegen dem Blockwärter Weck in Erle zwei Zugmeldungen von der Abzweigstelle Mitte vor. Gemeldet sind der D 534 von Z-Stadt nach X-Stadt und der Ng 63212 von Y-Bach nach Linksdorf. Blockwärter Weck stellt das Signal D auf „Fahrt". Um 16.45 Uhr donnert der D 534 an der Blockstelle vorbei. Den Zug beobachten, das Zugschlußsignal erkennen, Signal D auf „Halt", vorblocken nach Block

Weiler, zurückblocken zur Abzweigstelle Mitte – Routinearbeiten für den Blockwärter. Der Blockabschnitt zwischen Bk Erle und der Abzweigstelle Mitte ist frei, der nächste Zug kann kommen.

Während sich Jansen mit seinem Ng 63212 nun der Blockstelle nähert, wartet Blockwärter Weck auf die Mitteilung von Block Weiler, daß der D 534 dort vorbeigefahren und der Blockabschnitt zwischen Bk Erle und Bk Weiler wieder frei ist. Vorher kann das Signal D nicht auf „Fahrt" gestellt werden. Weck hört den Pfiff des Güterzuges und tritt ans Fenster. Sekunden später lösen sich aus der milchigen Dunkelheit zitternd die Scheinwerfer der Lok und nähern sich langsam. Als er ins Stellwerk zurücktritt, geht die Rückblockung von Bk Weiler ein. Weck stellt das Signal D auf „Fahrt". Gleichzeitig schrillt das Zugmeldetelefon. Während der Ng 63212 seine Fahrt fortsetzt, hört Weck die Zugmeldung des Intercity-Zuges 37 von Linksdorf nach Rechtsheim – also in der Gegenrichtung – mit. Als er danach wieder ans Fenster tritt, nimmt er in der Dunkelheit die verschwindenden Zugschlußsignale wahr. Er stellt das Signal D auf „Halt".

Schrankenwärter Körner auf Posten 10 hat die Schranken für den Nahgüterzug rechtzeitig geschlossen. Bei Nebel ist er besonders vorsichtig, denn eine falsche Einschätzung des Straßenverkehrs kann fatale Folgen haben. Die augenblicklichen Sichtverhältnisse begünstigen die Bildung von Rückstauungen, die den Bahnübergang blockieren könnten. Das muß Körner verhindern, und er schließt bei Nebel die Schranken deshalb ein paar Minuten früher.

Als der Nahgüterzug am Posten 10 vorbeifährt, stellt Körner den Zugschluß fest und öffnet die Schranken.

Von der Abzweigstelle Mitte an zeigten alle Vorsignale dem Triebfahrzeugführer Jansen „Halt erwarten" und die dazugehörenden Hauptsignale „Fahrt" – an der Abzweigstelle, am Block Erle und am Block Weiler. Jedesmal konnte Jansen, nachdem er seinen Nahgüterzug abgebremst hatte, seine Fahrt ohne Unterbrechung fortsetzen. Nun aber kommt er am Einfahrsignal F vor dem Bahnhof Linksdorf doch noch zum Stehen.

„Möchte wissen, wer mir da die ganze Zeit vor der Nase hängt", schimpft Jansen. Er steigt von seiner Lok und läuft zum Signalfernsprecher. Von hier aus ruft er den Fahrdienstleiter in Linksdorf an.

„Was ist los?" fragt Jansen.

„Abstand 534!" antwortet der Fahrdienstleiter, „aber es geht gleich weiter."

Kurze Zeit später, als der D-Zug 534 den Bahnhof Linksdorf verlassen hat, wird das Signal F auf „Fahrt" gestellt und gibt dem Nahgüterzug die Durchfahrt durch den Bahnhof zur Güteranlage frei. Beim Anfahren blockieren die Bremsen eines Güterwagens. Die festsitzenden Räder dieses Wagens schleifen über die Schienen, und obwohl sich die Bremsklötze bereits nach kurzer Zeit wieder lösen, sind an den Radreifen Flachstellen entstanden.

Nach kurzer Fahrzeit erreicht Jansen mit seinem Ng 63212 die Ortsgüteranlage in Linksdorf. Der Wagen mit den Flachstellen wird mit den anderen Güterwagen des Zuges zur Ent- und Beladung an der Rampe der Güterabfertigung abgestellt. Niemand bemerkt die Flachstellen. Das wird im Verlauf der nächsten Tage Folgen haben.

„Was ist das eigentlich – Betriebsdienst?"

Der 17. März beschert uns strahlendes Wetter und Herrn Ulrich Miermann einen Brief von seinem Studienfreund Jürgen Lorenz. Herr Miermann freut sich über die Einladung und beschließt, mit dem Zug nach Z-Stadt zu fahren. Am frühen Nachmittag läßt er sich von der Reiseauskunft am Bahnhof X-Stadt einen Zug nennen, der mittags in Z-Stadt ankommt. Da der 20. März – sein Reisetag – ein Samstag ist, empfiehlt es sich, eine Platzkarte zu kaufen, denn der Wochenend-Reiseverkehr ist stark.

Der Eisenbahner am Platzkartenschalter trägt Zugnummer, Datum, Start- und Zielbahnhof in einen Platzkartenvordruck ein und erkundigt sich nach den Wünschen hinsichtlich des Platzes und des Abteils für Raucher oder Nichtraucher. Herr Miermann wählt einen Fensterplatz im Nichtraucherabteil. Nachdem der Vordruck vervollständigt ist, gibt der Bundesbahnbedienstete die Daten in die elektronische Platzbuchungsanlage ein. Nach wenigen Sekunden kommt die Platzkarte bedruckt und bestätigt aus der Buchungsanlage heraus. Das EDV-Zentrum der Deutschen Bundesbahn in Frankfurt hat am Samstag, dem 20. März, für Herrn Miermann im D-Zug 317 von X-Stadt bis Z-Stadt den Fensterplatz 65 im Nichtraucherabteil des Wagens 15 reserviert. Der Zug fährt um 10.17 Uhr in X-Stadt ab und ist um 12.25 Uhr in Z-Stadt.

Herr Miermann kauft eine Fahrkarte, geht nach Hause und wartet auf den Samstag.

Die Erwartungen, die ins Wetter gesetzt wurden, haben sich nicht bestätigt. Als Herr Miermann am Samstag morgens um 8 Uhr erwacht, zeigt das Thermometer nur wenige Grade über Null, und der Wetterbericht meldet Bodenfrost und Straßenglätte. Der Himmel ist verhangen.

Während Miermann frühstückt, steht sein Zug – der D 317 von A nach B – in A abfahrbereit. Stunden vorher wurde er im Betriebsbahnhof für die Fahrt vorbereitet. Die Wagen wurden gereinigt, die Wasservorräte ergänzt und die Platzreservierungszettel angebracht. Bevor er dann in Gleis 3 im Bahnhof A bereitgestellt wurde, hat eine Bremsprobe stattgefunden, die das einwandfreie Funktionieren sämtlicher Bremsen gewährleistet.

„Achtung am Gleis 3. Zum Schnellzug 317 nach B über X-Stadt, Linksdorf, Rechtsheim, Z-Stadt, planmäßige Abfahrt 8.25 Uhr, bitte einsteigen und die Türen schließen. Vorsicht bei der Abfahrt des Zuges!"

Der Lautsprecher verstummt, Zugschaffner und Zugführer schließen die Türen, der Aufsichtsbeamte hebt seinen Befehlsstab und gibt damit dem Triebfahrzeugführer den Abfahrauftrag. Der Zug fährt ab.

Während Miermann frühstückt, ist Streckenwärter Busch unterwegs zwischen der Abzweigstelle Mitte und dem Bahnhof Rechtsheim. Er kontrolliert die Beschaffenheit der Schienen, Schwellen und Befestigungen. Jeden Tag müssen andere Streckenabschnitte begangen werden, damit jedes Gleis in einem vorgeschriebenen Rhythmus überprüft wird. Der mitgeführte Streckenfahrplan gibt dem Streckenwärter die Zugfahrten auf der betreffenden Strecke an.

Busch geht vorsichtig. Der nächtliche Bodenfrost hat den Tau gefrieren lassen, die Holzschwellen sind glatt.

Es ist 8.45 Uhr. Laut Streckenfahrplan fährt um diese Zeit der Nahverkehrszug N 4413 von Linksdorf nach Z-Stadt an der Abzweigstelle vorbei. Busch, der etwa 5 km von der Abzweigstelle Mitte entfernt ist, tritt aus dem Gleis, denn in wenigen Minuten wird ihn der Zug erreicht haben. Busch wärmt sich mit einem Schluck Kaffee aus der mitgeführten Thermosflasche. Um 8.47 Uhr rauscht der Nahverkehrszug an ihm vorbei. Als der lezte Wagen – ein mitgeführter Güterwagen – vorüber ist, horcht Busch auf. Nein, er hat sich wohl nicht getäuscht: der Güterwagen hat Flachstellen in den Radreifen. Deutlich ist das schnelle Schlagen zu hören.

Flachstellen sind gefährlich, das weiß jeder Betriebs- und Bahnunterhaltungsbeamte. Flachstellen können durch das rhythmische Schlagen auf den Schienenkopf Schienenbrüche verursachen. Busch beschließt, vom nächsten Streckenfernsprecher aus Bahnhof Rechtsheim zu verständigen, damit dort der Wagen – unser bereits bekannter Güterwagen – ausgesetzt werden kann. Bis zum nächsten Zug in Richtung Rechtsheim dauert es jetzt 15 Minuten. Busch marschiert wieder los. Bevor er den nächsten Streckenfernsprecher erreicht, sieht er die Bescherung: ein unbefahrbarer Schienenbruch.

Streckenwärter Busch legt die letzten 200 Meter bis zum Fernsprecher im Laufschritt zurück. Mit seinem Vierkantschlüssel öffnet er den Kasten, dann gibt er den Notruf ab. Es meldet sich der Fahrdienstleiter der Unfallmeldestelle, Bahnhof Rechtsheim, und während alle Betriebsstellen der Strecke mithören, meldet Busch:

„Betriebsgefahr! Haltet Züge zurück!"

In der Abzweigstelle Mitte und in Rechtsheim werden daraufhin sofort alle Signale auf „Halt" gestellt. Anschließend schildert Busch die Art des Bruches, sagt, daß ungefähr 30 cm aus dem Schienenkopf herausgebrochen sind und daß der Bruch unbefahrbar ist. Das Gleis Abzweigstelle Mitte – Rechtsheim wird gesperrt. Die benachrichtigte Oberzugleitung ordnet an, daß alle Züge von Linksdorf nach Z-Stadt über Y-Bach umgeleitet werden.

Herr Miermann weiß nichts von Schienenbruch und Umleitung. Um 10.10 Uhr steht er in der Empfangshalle des Bahnhofs in X-Stadt und informiert sich an der Abfahrtstafel, von welchem Gleis sein Schnellzug abfährt. Dann geht er, die Gedanken schon einige Stunden weiter bei seinem Studienfreund, die Treppen zum Gleis 3 hinauf.

„Achtung am Gleis 3, in wenigen Minuten fährt ein der Schnellzug 317 von A nach B über Linksdorf, Rechtsheim, Z-Stadt, planmäßige Ankunft 10.15 Uhr, planmäßige Weiterfahrt 10.17 Uhr. Ich gebe die Reihenfolge der Wagen bekannt: Es stehen an der Spitze..."

Miermann horcht auf. Der Wagen 15, erfährt er, befindet sich im hinteren Zugteil. Miermann geht zum Ende des Bahnsteigs. Dort angekommen, vernimmt er abermals den Lautsprecher: „Achtung am Gleis 3! Der Schnellzug 317 von A nach B hat jetzt Einfahrt. Bitte Vorsicht an der Bahnsteigkante! Achtung, eine Durchsage: Wegen einer Betriebsstörung wird der Schnellzug 317 über Y-Bach umgeleitet. Reisende nach Rechtsheim werden gebeten, bis Z-Stadt zu fahren. Dort besteht Anschluß nach Rechtsheim. Ich wiederhole..."

Herr Miermann möchte gerne wissen, was es mit der Betriebsstörung auf sich hat; bevor er jedoch den Aufsichtsbeamten fragen kann, fährt sein Zug ein. Miermann beschließt, bei der nächsten sich bietenden Gelegenheit die Frage nachzuholen, steigt ein und sucht seinen Platz. Planmäßig um 10.17 Uhr verläßt der Zug den Bahnhof X-Stadt.

Der Fahrtwind heult, Kilometersteine und Fahrleitungsmaste huschen vorbei. Miermann betrachtet seine Mitreisenden. Sein besonderes Interesse gilt dem Herrn in der Bundesbahnuniform, der ihm gegenüber sitzt.

„Entschuldigen Sie bitte", spricht Miermann ihn an, „ich habe eine Frage. Eben wurde eine Betriebsstörung erwähnt, die eine Umleitung über Y-Bach nötig macht. Wissen Sie, was das sein könnte?"

„Ja", nickt der Eisenbahner, „da ist heute morgen einige Kilometer vor Rechtsheim ein Schienenbruch entstanden. Die Strecke mußte deshalb gesperrt werden."

Die übrigen Reisenden in dem Abteil – zwei Damen und ein junger Mann – horchen auf.

„Strecke gesperrt?" fragt die ältere der beiden Damen.

„Fährt da jetzt gar nichts mehr?"

„Nein", entgegnet der Eisenbahner, „bis der Schaden behoben ist, kann der Betrieb auf dieser Strecke nicht fortgesetzt werden. Allerdings müssen die Beamten des Betriebsdienstes für Ausweichmöglichkeiten sorgen – so wie jetzt durch die Umleitung unseres Zuges."

„Sagen Sie, was ist das eigentlich – Betriebsdienst?", meldet sich Miermann wieder zu Wort.

„Betriebsdienst ist alles, was mit dem rollenden Rad zu tun hat. Wenn es Sie interessiert, erzähle ich Ihnen gerne mehr davon. Dann wissen Sie beim nächsten Mal Bescheid und außerdem verkürzt es Ihnen vielleicht die Zeit."

Dieser Vorschlag findet allgemeine Zustimmung.

„Sehen Sie", beginnt der Eisenbahner, „zur Schilderung des Betriebsdienstes müssen einige Begriffe bekannt sein. Darum will ich mit der Begriffserklärung anfangen.

Begriffserklärungen

Bahnanlagen sind alle zum Betrieb einer Eisenbahn erforderlichen Anlagen, die Fahrzeuge gehören allerdings nicht dazu. Es gibt Bahnanlagen der Bahnhöfe, der *freien Strecke* und sonstige Bahnanlagen. Als Grenze zwischen den Bahnhöfen und der freien Strecke gelten im allgemeinen die Einfahrsignale oder – wenn diese fehlen – die Einfahrweichen. Auf der freien Strecke und auf den Bahnhöfen sind zur Regelung und Sicherung des Zug- und Rangierbetriebes Betriebsstellen vorhanden.

Bahnhöfe sind Bahnanlagen mit mindestens einer Weiche, wo Züge beginnen, enden, ausweichen oder wenden dürfen (Abb. 2).

Blockstrecken sind Gleisabschnitte, in die ein Zug nur einfahren darf, wenn sie frei von Fahrzeugen sind (Abb. 3).

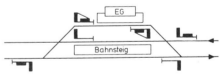

Abb. 2 Schematische Darstellung eines Bahnhofs. Das Empfangsgebäude wird mit „EG" bezeichnet. Die Signalsymbole dieser und der folgenden Abbildungen werden im Kapitel „Die Signale der Deutschen Bundesbahn" erklärt.

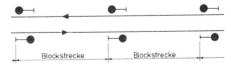

Abb. 3 Blockstrecken sind die Gleisabschnitte zwischen Hauptsignalen

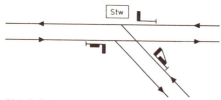

Abb. 4 Schematische Darstellung einer Abzweigstelle

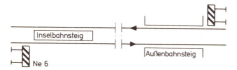

Abb. 5 Haltepunkt – links mit Inselbahnsteig, rechts mit Außenbahnsteig. Das Signal Ne 6 kündigt dem Triebfahrzeugführer einen Haltepunkt an

Abb. 6 Signal Ne 6 – Haltepunkttafel – Ein Haltepunkt ist zu erwarten

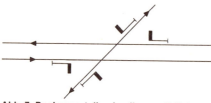

Abb. 7 Deckungsstelle. In diesem Fall kreuzt eine eingleisige Strecke eine zweigleisige Strecke

Blockstellen sind Bahnanlagen, die eine Blockstrecke begrenzen. Eine Blockstelle kann z. B. gleichzeitig als Bahnhof, Abzweigstelle, Haltepunkt oder Haltestelle eingerichtet sein.

Abzweigstellen sind Blockstellen der freien Strecke, wo Streckengleise sich verzweigen. Kurz vor Rechtsheim liegt z. B. die Abzweigstelle Mitte. Dort zweigt die Strecke nach Y-Bach ab (Abb. 4).

Haltepunkte sind Bahnanlagen ohne Weiche, wo Züge planmäßig halten, beginnen oder enden dürfen (Abb. 5 und 6).

Deckungsstellen sind Bahnanlagen der freien Strecke, die den Bahnbetrieb z. B. an beweglichen Brücken, Kreuzungen von Bahnen und Baustellen sichern (Abb. 7).

Ich sprach eben schon von Blockstrecken und Blockstellen. Dazu ist noch folgendes zu sagen:

Zugfolgestellen nennt man alle Betriebsstellen, die die Folge der Züge regeln, also Blockstellen, Abzweigstellen und Bahnhöfe. Zugfolgestellen, die in der Lage sind, die Reihenfolge der Züge auf der freien Strecke zu regeln, heißen *Zugmeldestellen*. Zugmeldestellen sind Bahnhöfe und Abzweigstellen, also Bahnanlagen mit Weichen und Gleisverzweigungen. Zugmeldestellen geben *Zugmeldungen* ab.

Von zwei benachbarten Zugmeldestellen wird eine zur *Unfallmeldestelle* erklärt, damit bei Abgabe eines *Unfallmelderufes* von vornherein die Kompetenzen geregelt sind. Die Unfallmeldestelle veranlaßt bei Betriebsstörungen und Unfällen die erforderlichen Schritte und leitet Hilfsmaßnahmen ein. Zu den Haltepunkten sei noch erwähnt, daß sie zu *Haltestellen* werden, wenn sie mit Abzweigstellen verbunden sind.

Sie sehen, die Bahn hält das sehr genau. Außerdem gibt es noch die Begriffe Anschlußstelle und Ausweichanschlußstelle. *Anschlußstellen* sind Bahnanlagen der freien Strecke, wo Züge einen Gleisanschluß als Rangierfahrt befahren können und die Strecke während dieser Zeit für den

Zugverkehr gesperrt ist. Kann die Rangierfahrt jedoch in diesen Gleisanschluß durch Signale eingeschlossen werden, spricht man von der *Ausweichanschlußstelle*. In diesem Fall braucht die Strecke nicht gesperrt zu werden (Abb. 8).

Die bereits erwähnte Zugmeldung ergänzt den Fahrplan und bedeutet Schutz gegen nachfolgende bzw. entgegenkommende Züge. Der benachbarten Zugmeldestelle, den Blockstellen, Schrankenposten und gegebenenfalls im Gleis arbeitenden Rotten wird durch die Zugmeldung mitgeteilt, welcher Zug kommt und wann er voraussichtlich ab- oder durchfährt.

Das Zugmeldeverfahren auf der zweigleisigen Strecke besteht aus dem *Zugmelderuf*, dem *Abmelden* und dem *Rückmelden*. Auf Strecken mit *Streckenblock* entfällt in der Regel das Rückmelden.

Auf der eingleisigen Strecke wird der Zug angeboten, angenommen und rückgemeldet. Rückgemeldet wird in der Regel nur, wenn kein Streckenblock vorhanden ist."

„Sie erwähnten eben den Begriff der freien Strecke", unterbricht Herr Miermann die Erklärungen des Eisenbahners. „Damit sind doch die Hauptgleise gemeint, nicht wahr?"

„Richtig", bestätigt der Eisenbahner, „*Hauptgleise* sind die von Zügen planmäßig befahrenen Gleise. *Durchgehende Hauptgleise* sind die Hauptgleise der freien Strecke und ihre Fortsetzung in den Bahnhöfen. Alle übrigen Gleise sind *Nebengleise*, z. B. Rampen-, Lade- und Rangiergleise (Abb. 9).

Bei den Fahrzeugen, die nicht zu den Bahnanlagen gehören, gibt es auch Unterschiede: *Regelfahrzeuge* sind *Triebfahrzeuge*, also Lokomotiven, Triebwagen, Kleinlokomotiven und Wagen, nämlich *Reisezugwagen* und *Güterwagen*. Alle übrigen Fahrzeuge sind *Nebenfahrzeuge*, z. B. *Kleinwagen*, *Schwerkleinwagen* sowie fahrbare Geräte oder Maschinen.

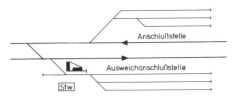

Abb. 8 Unterschied zwischen einer Anschlußstelle (oben) und einer Ausweichanschlußstelle (unten)

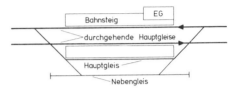

Abb. 9 verdeutlicht den Unterschied zwischen durchgehenden Hauptgleisen, Hauptgleisen und Nebengleisen

Züge sind einmal von einer Lok bewegte Wagen und zum anderen einzeln fahrende Triebfahrzeuge, die vom Bahnhof auf die freie Strecke fahren.

Züge werden jedoch nochmals unterschieden nach ihren Aufgaben sowie nach fahrtechnischen und fahrdienstlichen Merkmalen. Nach ihren Aufgaben unterteilt man *Reisezüge* für Reisende, Gepäck und Expreßgut, *Güterzüge* für Güter und *Dienstzüge* für dienstliche Zwecke.

Die fahrtechnischen Merkmale unterscheiden den *gezogenen Zug* mit Triebfahrzeug und Führer an der Spitze, den *geschobenen Zug*, bei dem sich Triebfahrzeug und Führer am Schluß befinden, den *Wendezug* mit dem Triebfahrzeug an der Spitze, am Schluß oder in der Mitte und dem Führer an der Spitze sowie den *nachgeschobenen Zug*; bei diesem sind an der Spitze und am Schluß jeweils ein Triebfahrzeug und ein Führer (Abb. 10).

Nach fahrdienstlichen Merkmalen kennt man den *Regelzug*, der regelmäßig nach einem festen Fahrplan fährt und den *Sonderzug*, der lediglich auf besondere Anordnung verkehrt."

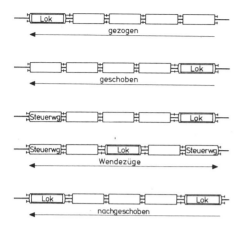

Abb. 10 Fahrtechnische Merkmale der Züge

„Demnach fahren wir jetzt in einem gezogenen Reisezug, der regelmäßig nach festem Fahrplan verkehrt", läßt sich die junge Dame vernehmen.

„Ja, das stimmt! Und an dieser Stelle möchte ich gleich noch etwas hinzufügen: Züge fahren in der Regel auf *Fahrstraßen*, Rangierfahrten im allgemeinen – außer in Bahnhöfen mit moderner Signaltechnik – nicht auf Fahrstraßen, sondern auf *Fahrwegen*.

Fahrstraßen sind signaltechnisch gesicherte Fahrwege.

Fahrwege sind signaltechnisch ungesichert."

„Was heißt das – signaltechnisch gesichert?" unterbricht Herr Miermann.

„Bevor ich Ihnen diese Frage beantworte, lassen Sie mich noch die Fahrdienstüberwachung erklären:

eine *Fahrdienstüberwachung* findet nach einem besonderen Verzeichnis durch die *Betriebsleitstellen* statt, als da sind die *Zugüberwachung* (Zü), die *Zugleitung* (Zl) und die *Oberzugleitung* (Ozl).

Sie wachen über Pünktlichkeit, Wirtschaftlichkeit und Flüssighaltung des Zugverkehrs und greifen mitunter regelnd in den Fahrdienst ein. Besonders wichtige Züge werden durch die *Zentrale Transportleitung* (ZTL) in Mainz überwacht.

So, nun zu Ihrer Frage nach den signaltechnisch gesicherten Fahrwegen. Um Ihnen dieses komplexe Thema eindeutig darzulegen, beginne ich mit der Erklärung der Stellwerke.

Die Stellwerke der Deutschen Bundesbahn

Stellwerke sind die Bedienungs- bzw. Schaltzentralen des Betriebsdienstes. Sie erhöhen die Sicherheit und die Leistungsfähigkeit des Betriebes. Stellwerke werden nach Technik, Lage und Funktion unterschieden. Zunächst einige Worte zur technischen Einteilung der Stellwerke.

Auf *mechanischen Stellwerken* werden Weichen und Signale mit Drahtzugleitungen ferngestellt. Die Bedienung der Hebel erfordert Kraftaufwand. Die Stellweite ist begrenzt. Alle Stellvorgänge müssen einzeln ausgeführt werden, dadurch können Verzögerungen im Betriebsablauf auftreten (Abb. 11).

Elektromechanische Stellwerke arbeiten kombiniert. Durch Drehen der Signal- und Weichenhebel werden die sogenannten Verschlüsse mechanisch und die Signale und Weichen mit einem Elektromotor gestellt. Die Drahtzugleitungen entfallen also. Dadurch werden größere Stellweiten erreicht. Der Kraftaufwand ist wesentlich geringer als beim mechanischen Stellwerk (Abb. 12).

Drucktastenstellwerke, auch Dr-Stellwerke genannt, und *Spurplanstellwerke*, die Weiterentwicklung der Dr-Stellwerke, stellen die Signalabhängigkeit nicht mehr durch mechanische Verschlußeinrichtungen, sondern durch Relaiskontakte her. Auf dem Stelltisch ist der Gleisplan schematisch dargestellt. Weichen und Signale werden nicht mehr einzeln, sondern für die gesamte

Abb. 11 (oben) Mechanisches Stellwerk. Bildmitte und links die Hebelbank, rechts der Blockkasten mit den Fahrstraßenhebeln

Abb. 12 (unten) Elektromechanisches Stellwerk. In der Bildmitte die Weichen- und Signalfahrstraßenhebel

Abb. 13 Drucktasten-Spurplan-Stellwerk. Vor den Bediensteten befindet sich die Panoramatafel mit der schematischen Gleisdarstellung

Fahrstraße gestellt. Das geschieht aus Sicherheitsgründen immer mit zwei Drucktasten, der Starttaste und der Zieltaste. Die eingestellte *Fahrstraße* leuchtet auf dem Stelltisch weiß auf. Achszähler und Gleisstromkreise überprüfen, ob die Fahrstraße belegt oder frei ist. Darum muß der *Zugschluß* auch nicht mehr durch Augenschein festgestellt werden. Soweit die Technik (Abb. 13).

Je nach Lage sprechen wir von End-, Mittel- und Streckenstellwerken.

Endstellwerke befinden sich an den Enden der Bahnhöfe, *Mittelstellwerke* liegen innerhalb des Bahnhofsbereichs und *Streckenstellwerke* heißen die Block- und Abzweigstellen. Sie bedienen die Signalanlagen – und bei Abzweigstellen auch die Weichen – der freien Strecke.

Bei der Unterscheidung nach der betrieblichen Funktion der Stellwerke gibt es ebenfalls drei Begriffe:

Befehlsstellwerke sind mit einem *Fahrdienstleiter* besetzt. Abzweigstellen, sonstige Zugmeldestellen und Zentralstellwerke sind Befehlsstellwerke."

„Was sind denn Zentralstellwerke?"

„Von einem *Zentralstellwerk* spricht man, wenn in einem Bahnhofsbereich nur ein Stellwerk vorhanden ist.

Wärterstellwerke sind mit einem *Weichenwärter* besetzt. Sie sind abhängig von einem Befehlsstellwerk.

Rangierstellwerke dienen ausschließlich dem Rangierbetrieb. Die vom Stellwerk bedienten *Signalanlagen,* also Weichen und Signale, haben die Aufgabe, Zug- und Rangierfahrten zu sichern. Mit ihnen werden *Fahrwege* eingestellt und für Zug und Rangierfahrten freigegeben."

„Welche Unterschiede bestehen denn zwischen den Einflußbereichen der drei Stellwerksarten?"

„Mechanische Stellwerke werden – wie ich schon sagte – mit der Muskelkraft bedient. Aus diesem Grund, und weil die Kraft mittels eines Drahtseiles weitergeleitet wird, beträgt die Stellweite für Weichen ungefähr 500 Meter und für Signale etwa 1 800 Meter. Der Vollständigkeit halber möchte ich hinzufügen, daß mechanische Stellwerke nur *Formsignale* bedienen können. Elektromechanische Stellwerke bedienen sowohl Formsignale, die aber statt mit Drahtseilen durch Elektromotoren bewegt werden, als auch *Lichtsignale*. Da elektromechanische Stellwerke mit Gleichstrom arbeiten, vergrößert sich die Stellweite auf etwa 2 400 Meter.

Dr-Stellwerke arbeiten mit Wechselstrom, bedienen nur Lichtsignale – und Weichen natürlich – und haben eine Reichweite von ungefähr 6 500 Meter."

„Wieviel Stellwerke der einzelnen Bauarten gibt es denn bei der Bundesbahn?"

„Von den mechanischen Stellwerken sind zur Zeit noch annähernd 5 000 in Betrieb, von den elektromechanischen gibt es noch 700 und die Zahl der Dr-Stellwerke ist inzwischen auf ungefähr 1 200 gestiegen. Bis zum Jahre 1985 ist geplant, die Zahl der mechanischen Stellwerke von 5 000 auf 1 200 zu reduzieren, während die elektromechanischen von 700 auf 50 fallen sollen. Statt dessen soll es 1985 ungefähr 2 500 Dr-Stellwerke geben, wovon jedoch zirka 2 000 unbesetzt und ferngesteuert sein werden. Die Gesamtzahl der Stellwerke nimmt also ab, weil ein Dr-Stellwerk mehrere mechanische und elektromechanische Stellwerke ersetzt."

„Wo wir gerade so ausführlich von Stellwerken sprechen", meldet sich die junge Dame zu Wort, „wäre es nett, wenn Sie mir mal erklären könnten, was die Buchstaben an den Stellwerksgebäuden zu bedeuten haben."

„Ja, gerne. In der Regel bezeichnen die Großbuchstaben nichts anderes als den Namen des betreffenden Bahnhofs, während die Kleinbuchstaben die betriebliche Funktion oder auch die Himmelsrichtung andeuten.

Sehen Sie, in Linksdorf, wo wir gleich halten werden, gibt es zwei Stellwerke. Sie heißen ‚Lf' und ‚Lw' – also ‚L' für Linksdorf, ‚f' für Fahrdienstleiter und ‚w' für die Himmelsrichtung West."

„Wie sieht's denn nun aber mit den signaltechnisch gesicherten Fahrwegen aus?" fragt Herr Miermann.

„Ein Fahrweg wird zur *Fahrstraße,* wenn er signaltechnisch gesichert wird – das geschieht durch die Signalabhängigkeit. Die *Signalabhängigkeit* verhindert Bedienungsfehler, die zu Betriebsunfällen führen können. Signalabhängigkeit besteht, wenn alle Weichen und *Flankenschutzeinrichtungen*, das sind abweisende Weichen, Gleissperren und Gleissperrsignale, für die betreffende Zugfahrt eingestellt u n d verschlossen sind, solange das Hauptsignal „Fahrt" zeigt.

Dieser *Verschluß* wird beim mechanischen und elektromechanischen Stellwerk durch Verschlußbalken und Verschlußstücke sowie durch Fahrstraßenschubstangen im Verschlußkasten erreicht. Im Dr-Stellwerk stellen Relais die Signalabhängigkeit her."

„Was ist denn nun wieder ein Verschlußkasten?"

„Der Aufbau des *Verschlußkastens* ist im Prinzip einfach zu erklären: Nachdem der Stellwerksbedienstete die Weichen des Fahrwegs und die Flankenschutzeinrichtungen – von der Fahrstraße abweisende Weichen, Gleissperren und Gleissperrsignale – in die richtige Lage gebracht hat, legt er den entsprechenden *Fahrstraßenhebel* in die Festlegestellung. Dadurch bewegt sich die *Fahrstraßenschubstange* mit den *Verschlußstücken* und blockiert die eingestellten Weichen und Flankenschutzeinrichtungen, die sich nun nicht mehr verändern lassen.

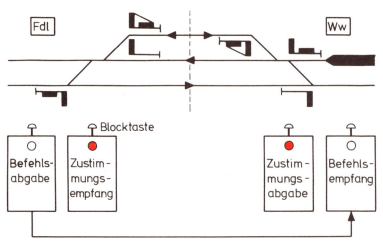

Abb. 14 Der Zug fährt ein in den Bereich des Weichenwärters (Ww): der Fahrdienstleiter blockt den Befehl

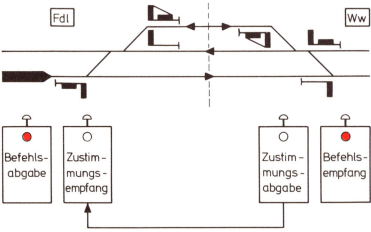

Abb. 15 Der Zug fährt ein in den Bereich des Fahrdienstleiters (Fdl): der Weichenwärter blockt nach telefonischer Aufforderung die Zustimmung

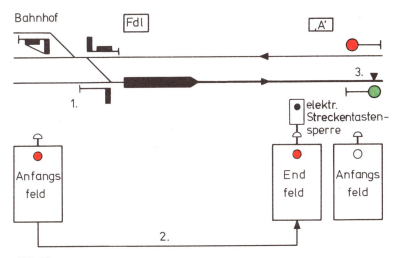

Abb. 16
1. Nach Vorbeifahrt des Zuges Signal auf „Halt"
2. Blocken des Anfangsfeldes – vorblocken
3. Nächste Zugfolgestelle stellt Signal auf „Fahrt" und schaltet damit die elektr. Streckentastensperre ein

Abb. 17
1. Nach Vorbeifahrt des Zuges Signal auf „Halt"
2. Blocken des Anfangsfeldes – vorblocken. Nächste Zugfolgestelle stellt Signal auf „Langsamfahrt" und schaltet damit die elektr. Streckentastensperre ein
3. Blocken des Endfeldes – rückblocken

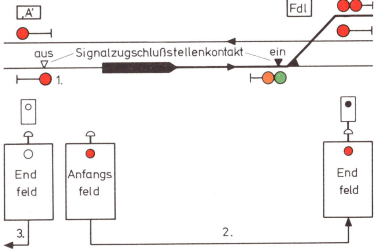

Außerdem findet bei diesem Vorgang eine Kontrolle statt: liegt nur **eine** Weiche falsch oder wurde nur **eine** Flankenschutzeinrichtung vergessen, läßt sich der Fahrstraßenhebel nicht in die Festlegestellung bringen.

Danach wird als zweite Sicherung der umgelegte Fahrstraßenhebel blockelektrisch gesperrt, indem die Taste des *Fahrstraßenfestlegefeldes* niedergedrückt wird. Niemand kann nun die Fahrstraße auflösen oder verändern, weil nur der Zug beim Überfahren eines Kontaktes die blockelektrische Sicherung auflösen kann. Lediglich in Störungsfällen gibt es für das mitwirkende Stellwerk Eingriffsmöglichkeiten.

Nun folgt die dritte Sicherung: Der Stellwerksbedienstete kann erst jetzt den Signalhebel umlegen und das Signal auf „Fahrt" – Hp 1 – oder „Langsamfahrt" – Hp 2 – stellen (Abb. 18).

Wirken bei einer Zugfahrt mehrere Betriebstellen mit, stellen sogenannte *Blockanlagen* außerdem noch eine Abhängigkeit zwischen den Stellwerken her. Bei den *Blockanlagen* unterscheidet man den *Bahnhofsblock* und den *Streckenblock*.

Der Bahnhofsblock sichert die Zugfahrten innerhalb des Bahnhofs, indem neben Fahrstraßenhebel – mechanisch – und Fahrstraßenfestlegefeld – blockelektrisch – zusätzlich Befehls- und Zustimmungsfelder geblockt, das heißt gesperrt werden müssen. Das bedeutet, keines der beteiligten Stellwerke kann ohne Mitwirken des anderen seine Signale auf „Fahrt" stellen. Fährt ein Zug in den Bereich eines Weichenwärters ein, muß der Fahrdienstleiter vorher durch Blocken des *Befehlsabgabefeldes* seine Fahrstraße verschließen und die Signale des Weichenwärters *(Befehlsempfangsfeld)* entblocken (Abb. 14).

Der Weichenwärter dagegen verschließt seine Fahrstraße und entblockt die Signale des Fahrdienstleiters durch Blocken des *Zustimmungsabgabefeldes*, wenn der Zug im Bereich des Fahrdienstleiters *(Zustim-*

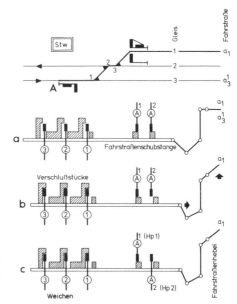

Abb. 18 Beispiel einer Zugfahrt nach Gleis 1. In Bild a sind die Weichen 1, 2 und 3 gestellt worden; in Bild b wird der Fahrstraßenhebel nach oben bewegt (Fahrstraße a1), dadurch werden die Weichenhebel blockiert; nach zusätzlicher blockelektrischer Sicherung kann nun der Signalhebel für Hp 2 (zwei Flügel bedeuten „Langsamfahrt") des Einfahrsignals A gestellt werden (Bild c). Der Zug fährt ein mit 40 km/h

mungsempfangsfeld) in den Bahnhof einfährt (Abb. 15).

Der *Streckenblock* hat die Aufgabe, auf zweigleisigen Strecken einen Zug gegen nachfolgende und auf eingleisigen Strecken auch gegen entgegenkommende Züge zu sichern.

Um eine rasche Zugfolge zu erreichen, wird die freie Strecke in Blockabschnitte eingeteilt. Jeder *Blockabschnitt* wird durch *Hauptsignale* begrenzt.

Anhand eines Beispiels kann ich Ihnen die Technik verständlicher machen:

Unser Zug soll einen Bahnhof verlassen und in einen Blockabschnitt einfahren. Der

Stellwerksbedienstete stellt das Ausfahrsignal auf ‚Fahrt'. Nach Ausfahrt des Zuges fällt das Signal automatisch auf ‚Halt'."

„Oha, jetzt wird's kompliziert!"

„Nein, gar nicht. Passen Sie auf: *Signalflügelkupplungen* verhindern, daß Ausfahrsignale nach der Ausfahrt eines Zuges in Fahrtstellung stehen bleiben. Der ausfahrende Zug verschließt also selbst hinter sich seinen Blockabschnitt.

Doch was macht der Stellwerksbedienstete jetzt weiter?

Er verschließt das nun ‚Halt' zeigende Signal und alle anderen auf dasselbe Streckengleis weisenden Hauptsignale durch Blocken des *Anfangsfeldes*. Diesen Vorgang nennt man ‚Vorblocken' (Abb. 16).

Der Mann auf der nächsten Zugfolgestelle – sie soll ‚A' heißen – weiß dadurch, daß sich ein Zug seiner Blockstelle nähert. Er stellt sein *Blocksignal* auf ‚Fahrt' und schaltet damit gleichzeitig die *elektrische Streckentastensperre* ein. Nachdem unser Zug nun bei ihm in ‚A' vorbeigefahren ist, legt er sein Blocksignal zurück auf ‚Halt' und blockt ebenfalls mit seinem *Anfangsfeld* zur nächsten Zugfolgestelle vor.

Hinter jedem Hauptsignal befindet sich ein Sicherheitsabstand. Dieser Abstand ist der *Durchrutschweg* für Züge, die beim Bremsen ein ‚Halt' zeigendes Signal eventuell durchrutschen. Der Blockabschnitt endet erst am Ende des Durchrutschweges, wo sich der Kontakt der *Signalzugschlußstelle* befindet.

Wenn die letzte Achse unseres Zuges diesen Kontakt überfährt, schaltet sich die elektrische Streckentastensperre, die die Endfeldtaste sperrt, aus. Jetzt kann die Zugfolgestelle ‚A' das *Endfeld* blocken. Diesen Vorgang nennt man ‚Rückblocken' (Abb. 17).

Das Rückblocken entsperrt also in unserem Beispiel die Ausfahrsignale des rückgelegenen Bahnhofs. Der nächste Zug kann in den Blockabschnitt einfahren. Auf diese Weise wird der Zug von Zugfolgestelle zu Zugfolgestelle weitergereicht. Er befindet sich immer unter dem Schutz eines ‚Halt' zeigenden Signals."

„Wenn ich Sie richtig verstanden habe", sagt Miermann, „arbeiten das Anfangsfeld der einen Stelle und das Endfeld der anderen Stelle immer zusammen. Blockt man das eine, wird das andere entblockt und umgekehrt. Ist das richtig?"

„Ja, das stimmt. Auf eingleisigen Strecken befinden sich auf den Stellwerken neben den Anfangs- und Endfeldern zusätzlich noch Erlaubnisfelder, um den Zug auch vor entgegenkommenden Zügen zu schützen. Nehmen wir wieder ein Beispiel zu Hilfe:

Durch Blocken des Anfangfeldes werden die Ausfahrsignale des Bahnhofs – nennen wir ihn ‚X' – verschlossen. Um das zu erreichen, blockt vorher der Stellwerksbedienstete der nächsten Zugfolgestelle – ‚Y' – sein *Erlaubnisfeld*. Damit verschließt er seine eigenen *Ausfahrsignale* in Richtung des Bahnhofs ‚X' (Abb. 19).

Ist der Zug bei ihm in ‚Y', kann ein Gegenzug fahren, wenn der Bahnhof ‚X' seinerseits das Erlaubnisfeld blockt und damit seine Ausfahrsignale verschließt und die Ausfahrsignale in ‚Y' wieder freigibt.

Bei Störungen in der *Signalabhängigkeit* ist die technische Sicherung teilweise aufgehoben. Dann sorgen *Hilfssperren* am *Fahrstraßenhebel*, schriftliche *Befehle* und *Ersatzsignale* für einen sicheren Betriebsablauf."

„Was sind denn Ersatzsignale?" fragt der junge Mann.

„Welche Signale gibt es überhaupt?" ergänzt die ältere Dame.

„Das kann ich Ihnen erzählen", antwortet der Eisenbahner, „und anschließend erkläre ich Ihnen auch, was schriftliche Befehle sind.

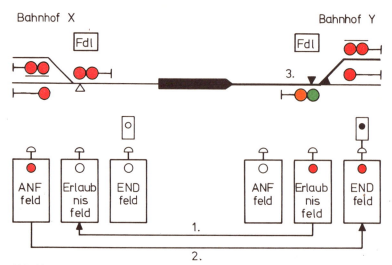

Abb. 19
1. Y blockt Erlaubnisfeld und verschließt damit seine Ausfahrsignale in Richtung X
2. X blockt sein Anfangsfeld nach Vorbeifahrt des Zuges am Ausfahrsignal
3. Y stellt sein Einfahrsignal auf „Langsamfahrt" und schaltet damit seine elektr. Strekkentastensperre ein. Nach Überfahren des Signalzugschlußstellenkontaktes und Haltstellung des Einfahrsignals kann Y das Endfeld blocken – rückblocken nach X

Die Signale der Deutschen Bundesbahn

Abb. 20 Signalbilder der Hauptsignale
Das Nachtlicht der Formsignale entspricht den Signalbildern der Lichtsignale

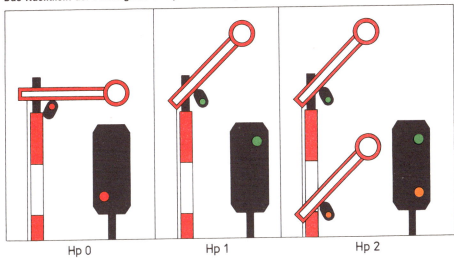

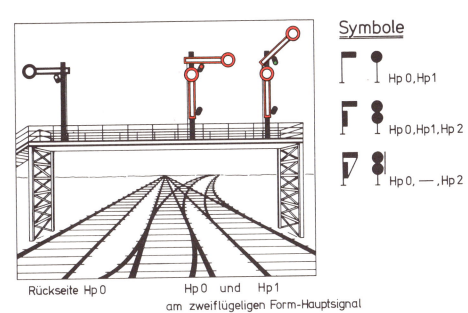

Abb. 21 Signalbrücke mit Form-Hauptsignalen und Lichtvorsignalen: links Hp 2 und Vr 0, Mitte Hp 0 und Vr dunkel, rechts Hp 0. Unterhalb der Signale jeweils an der rechten Schiene befinden sich die Indusi-Magnete

Signale sind Informationsmittel und sichern Zug- und Rangierfahrten. Das Signalbuch der Deutschen Bundesbahn bestimmt eindeutig Bezeichnung, Aussehen und Funktion der Signale. Zum besseren Verständnis möchte ich mich bei der Beschreibung auf die Signale beschränken, die zu den später geschilderten Betriebsabläufen notwendig sind.

Hauptsignale werden verwendet als *Einfahr-, Ausfahr-* und Zwischensignale im Bahnhof und als Block- und Deckungssignale auf der freien Strecke.

Zwischensignale stehen zwischen den Einfahr- und Ausfahrsignalen, wenn der Bahnhof eine große Längenausdehnung besitzt. Sie machen mehrere Einfahrten in ein Bahnhofsgleis möglich.

Blocksignale teilen die freie Strecke in Blockabschnitte und sichern den Raumabstand. Außer den von einer Blockstelle ortsbedienten Blocksignalen gibt es Selbstblock- und Zentralblocksignale.

Während in der Regel die Signale in der Grundstellung ‚Halt' zeigen und vom Stellwerk bedient werden, wirkt beim Stellen der Selbstblock- und Zentralblocksignale der Zug mit. *Selbstblocksignale* zeigen in der Grundstellung ‚Fahrt' und werden vom vorbeifahrenden Zug auf ‚Halt' gestellt, *Zentralblocksignale* zeigen in der Grundstellung ‚Halt', werden vom Fahrdienstleiter auf ‚Fahrt' und vom vorbeifahrenden Zug wieder auf ‚Halt' gestellt.

Deckungssignale stehen vor Gefahrenpunkten. Sie sichern den Eisenbahnbetrieb z. B. vor beweglichen Brücken oder Kreuzungen von Streckengleisen.

Hauptsignale sind entweder Form- oder Lichtsignale. Selbstblock- und Zentralblocksignale sind immer Lichtsignale. Form- und Lichthauptsignale zeigen dem

Triebfahrzeugführer drei Signalbilder: Signal Hp 0 bedeutet ‚Zughalt', Signal Hp 1 bedeutet ‚Fahrt' und Signal Hp 2 bedeutet ‚Langsamfahrt' (Abb. 20 und 21).

Das Signal Hp 2 schreibt in der Regel eine Geschwindigkeitsbeschränkung auf 40 km/h für den anschließenden Weichenbereich vor (Abb. 22).

Abweichungen von der Geschwindigkeitsbeschränkung werden durch Zusatzsignale oder durch schriftliche Unterlagen, zum Beispiel durch Buchfahrplan und Übersicht der Langsamfahrstellen, angezeigt.

Das Signal Hp 00 entspricht den Signalen Hp 0 und Sh 0. Es bedeutet ‚Zughalt und Rangierverbot'.

Sollen Rangierfahrten zugelassen werden, zeigt das Signal die Stellung Hp 0 und Sh 1, während bei Zugfahrten nur die Stellungen Hp 1 oder Hp 2 erscheinen. Das Signal Hp 00 ist immer ein Lichtsignal (Abb. 25 und 40).

Vorsignale kündigen das Signalbild des zugehörigen Hauptsignals an. Sie stehen als Form- oder Lichtsignal in der Regel im *Bremswegabstand* der Strecke – auf Hauptbahnen 1 300 Meter, 1 000 Meter oder 700 Meter, auf Nebenbahnen 700 Meter oder 400 Meter – vor dem Hauptsignal (Abb. 29).

Wo die Sicht zwischen Vorsignal und Hauptsignal behindert ist, und wenn zwischen Vorsignal und Hauptsignal ein Haltepunkt liegt, kann das Vorsignal als Lichtvorsignal wiederholt werden (Abb. 30).

Vorsignalwiederholer sind durch ein weißes Zusatzlicht am linken Rand gekennzeichnet, besitzen jedoch keine Vorsignaltafel, Ne 2 genannt (Abb. 26).

Ist der Abstand zwischen Vorsignal und Hauptsignal mehr als 5 % kürzer als der vorgeschriebene Bremsweg, wird das Vorsignal besonders gekennzeichnet, nämlich bei Formsignalen durch ein weißes Dreieck und bei Lichtsignalen durch ein weißes Zusatzlicht (Abb. 27 und 31).

Form- und Lichtvorsignale zeigen dem Triebfahrzeugführer drei Signalbilder: Signal Vr 0 bedeutet ‚Zughalt erwarten' ‚Signal Vr 1 bedeutet ‚Fahrt erwarten' und Signal Vr 2 bedeutet ‚Langsamfahrt erwarten' (Abb. 28).

Ein Lichthauptsignal und ein Lichtvorsignal für das folgende Hauptsignal können an einem Signalträger vereinigt sein. Zeigt das Lichthauptsignal Hp 0 – ‚Zughalt' – oder Hp 00 – ‚Zughalt und Rangierverbot' –, ist das Lichtvorsignal am Standort dieses Hauptsignals dunkel (Abb. 34).

Zusatzsignale haben die Aufgabe, die durch die Signale erteilten Fahraufträge zu ergänzen und schriftliche Befehle, die ich später noch behandeln werde, zu ersetzen. Ortsfeste Zusatzsignale befinden sich in der Regel am Signalmast von Hauptsignalen und können durch *Voranzeiger* angekündigt werden.

Form- und Lichtzusatzsignale zeigen dem Triebfahrzeugführer acht Signalbilder: Signal Zs 1 ist das *Ersatzsignal* und bedeutet ‚Am Signal Hp 0, Hp 00 oder am gestörten Lichthauptsignal ohne schriftlichen Befehl vorbeifahren' – das Signalbild zeigt drei weiße Lichter in Form eines A (Abb. 32 und 35). Signal Zs 2 ist der Richtungsanzeiger und bedeutet ‚Die Fahrstraße führt in die angezeigte Richtung', wobei der Anfangsbuchstabe des nächsten größeren Knotenbahnhofs weiß angezeigt wird. Das Signal Zs 2v ist der dazugehörige Richtungsvoranzeiger; er befindet sich meistens an Vorsignalen, bedeutet ‚Richtungsanzeiger erwarten' und zeigt den Anfangsbuchstaben gelbleuchtend (Abb. 36 und 39).

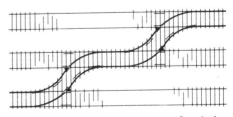

Abb. 22 verdeutlicht den Grund der Geschwindigkeitsbeschränkung bei der Signalstellung **Hp 2**: schematische Darstellung einer Fahrt durch den Weichenbereich

25

 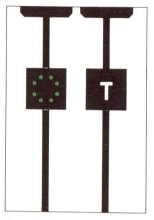 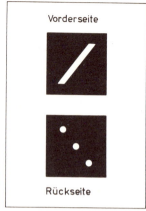

Abb. 23 links das Signal Zp 9 als Formsignal, rechts als Lichtsignal – beide für Abfahrt oder Durchfahrt der Züge. Auf S-Bahnhöfen kann vor Aufleuchten des Signals Zp 9 ein weißes T erscheinen. Es beauftragt den Triebfahrzeugführer, die Türen des Zuges automatisch zu schließen.

Abb. 24 Der Fahrtanzeiger oder Signalnachahmer. Er leuchtet am Bahnsteig auf, wenn das Ausfahrsignal „Fahrt" oder „Langsamfahrt" anzeigt

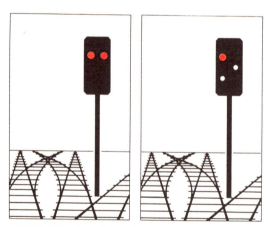 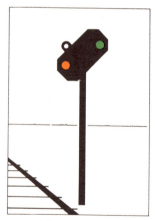

Abb. 25 links Signal Hp 00, rechts Signal Hp 0/Sh 1 für Rangierfahrten

Abb. 26 Vorsignalwiederholer. Weißes Zusatzlicht links oben, keine Vorsignaltafel

Zu den Abbildungen auf der gegenüberliegenden Seite:

Abb. 27 Vorsignal bei verkürztem Bremswegabstand: links das Formsignal mit weißem Dreieck, Mitte das Lichtsignal mit weißem Zusatzlicht und rechts für beide die 1. Vorsignalbake mit weißem Dreieck zur Ankündigung

Abb. 28 Signalbilder der Vorsignale
Das Nachtlicht der Formsignale entspricht den Signalbildern der Lichtsignale

Abb. 27

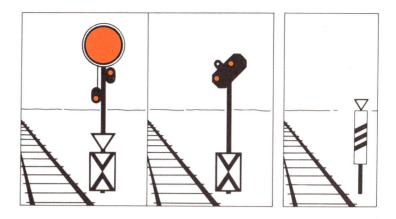

Abb. 28

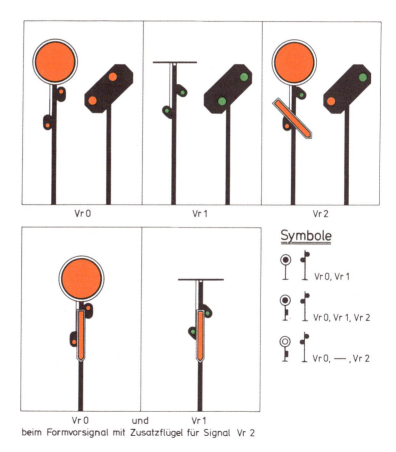

Abb. 29 Darstellung des Bremswegabstandes – links Formsignale, rechts Lichtsignale

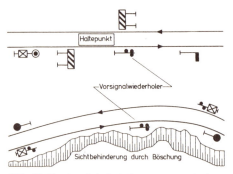

Abb. 30 Vorsignalwiederholer, wenn zwischen Vorsignal und Hauptsignal ein Haltepunkt liegt (oben) und bei Sichtbehinderung (unten)

Signal Zs 3 ist der Geschwindigkeitsanzeiger und bedeutet ‚Die durch Kennziffer angezeigte Geschwindigkeit darf vom Signal ab im anschließenden Weichenbereich nicht überschritten werden', wobei die weiße Kennziffer aussagt, daß der zehnfache Wert in km/h als Fahrgeschwindigkeit zugelassen ist. Zs 3 gibt es als Form- und Lichtsignal, während Zs 3v, der Geschwindigkeitsvoranzeiger, nur als Lichtsignal an Vorsignalen eine gelbleuchtende Kennziffer zeigt (Abb. 33 und 37).

Die nächsten beiden Zusatzsignale seien nur am Rande erwähnt: Signal Zs 4 – Beschleunigungsanzeiger – bedeutet ‚Fahrzeit kürzen' und erteilt dem Zug durch Form- oder Lichtsignal den Auftrag, die Geschwindigkeitsgrenzen des Fahrplans bis zur nächsten Zugfolgestelle auszunutzen; Signal Zs 5 – Verzögerungsanzeiger – bedeutet ‚Langsamer Fahren' und beauftragt den Zug, bis zur nächsten Zugfolgestelle

Abb. 31 Licht-Vorsignal bei verkürztem Bremswegabstand (weißes Zusatzlicht) und Signal Zs 2v – Richtungsvoranzeiger

Abb. 32 Am gestörten Einfahrsignal A 11 leuchtet das Ersatzsignal Zs 1

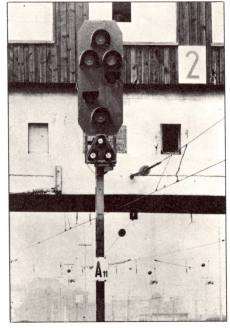

Abb. 33 Viel Information für den Triebfahrzeugführer: das Form-Hauptsignal zeigt Hp 2 – „Langsamfahrt", das Lichtsignal Zs 3 schreibt ihm eine Geschwindigkeit von 30 km/h vor und das Form-Vorsignal (Vr 0) zeigt ihm, daß das nächste Hauptsignal Hp 0 – „Halt" – zeigt

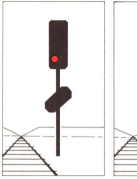 

Abb. 34 Licht-Haupt- und Vorsignal an einem Mast: links Hp 0/Vr dunkel, rechts Hp 1/Vr 0

Abb. 35 Zusatzsignal Zs 1 – links bei Stellung Hp 1 dunkel, rechts bei Stellung Hp 0 wegen Störung leuchtend

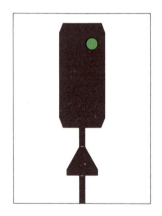 

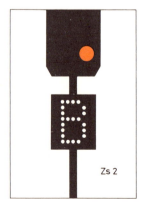 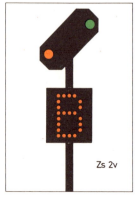

Abb. 36 Zusatzsignale Zs 2 und Zs 2v
Der Buchstabe leuchtet auf, wenn die Fahrt in Richtung B abzweigt (Skizze oben)

Abb. 37 Zusatzsignale Zs 3 und Zs 3v. Links Zs 3 als Formsignal, Mitte Zs 3 als Lichtsignal, rechts Zs 3v als Lichtsignal. Das Lichtsignal zeigt in diesem Beispiel eine Geschwindigkeitsbeschränkung bei der Signalstellung Hp 1 bzw. Vr 1 an

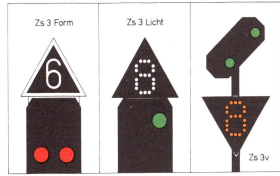

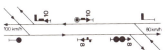

Abb. 38 Signale Zs 4 und Zs 5. Das Formsignal (links) wird bei Vorbeifahrt des Zuges aus dem Fenster der Betriebsstelle gehalten, bis der Lokführer durch Pfeifsignal meldet, daß er das Signal wahrgenommen hat

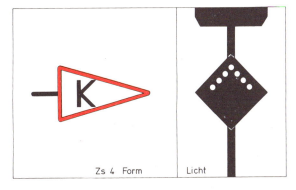

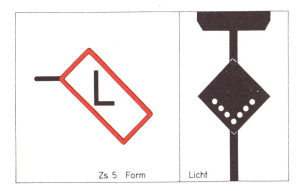

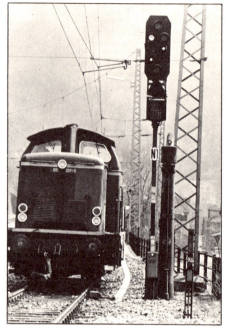

Abb. 39 Noch mehr Information am Lichtsignalmast: Hp 2 – „Langsamfahrt" – am Hauptsignal, jedoch 60 km/h durch Zs 3, Vr 0 kündigt an, daß das nächste Hauptsignal Hp 0 – „Halt" – zeigt und das Signal Zs 2v teilt dem Triebfahrzeugführer mit, daß seine Fahrt am nächsten Hauptsignal in Richtung „B" verläuft

Abb. 40 Unter dem Signal Hp 0/Sh 1 – „Halt" für Züge, „Fahrverbot aufgehoben" für Rangierfahrten – befindet sich ein (erloschenes) Signal Zs 6 – Gleiswechselanzeiger – älterer Bauart. Rechts neben der rechten Schiene befindet sich der Indusi-Magnet

seine Geschwindigkeit um etwa ein Drittel zu ermäßigen (Abb. 38). Signal Zs 6 ist der Gleiswechselanzeiger und bedeutet ‚Der Fahrweg führt in das benachbarte durchgehende Hauptgleis'. Dieses Lichtsignal zeigt an, daß ein Zug signalmäßig auf das benachbarte durchgehende Hauptgleis der freien Strecke – also auf das *Gegengleis* – geleitet wird (Abb. 40 und 43).

Signal Zs 7 ist das Vorsichtssignal. Dieses Signal bedeutet ‚Am Signal Hp 0, Hp 00 oder am gestörten Lichthauptsignal ohne schriftlichen Befehl vorbeifahren! Weiterfahrt auf Sicht' und erteilt den Auftrag, bis zum nächsten Hauptsignal auf Sicht weiterzufahren. Je nach Sichtverhältnissen ist die Geschwindigkeit zwischen Schrittgeschwindigkeit und höchstens 40 km/h so zu wählen, daß der Zug vor einem Hindernis sicher zum Halten gebracht werden kann. Das Signalbild zeigt drei gelbe Lichter in Form eines V (Abb. 44).

Das Signal Zs 8 ist das Falschfahrt-Auftragsignal und bedeutet ‚Fahrt auf falschem Gleis'. Das Signal Zs 8 unterscheidet sich vom Signal Zs 1 – Ersatzsignal – dadurch, daß die drei weißen Lichter blinken.

Die *Langsamfahrsignale* kennzeichnen vorübergehende und ständige *Langsamfahrstellen*. Langsamfahrsignale zeigen dem Triebfahrzeugführer sieben Signalbilder, von denen die Signale Lf 1 bis Lf 3 die vorübergehenden und die Signale Lf 4 bis Lf

7 die ständigen Langsamfahrstellen kennzeichnen. Signal Lf 1 ist die Langsamfahrscheibe und bedeutet ‚Es folgt eine vorübergehende Langsamfahrstelle, auf der die angezeigte Geschwindigkeit nicht überschritten werden darf'. Die Kennziffern von 1 bis 15 geben an, daß der zehnfache Wert der jeweils gezeigten Kennziffer in km/h als Fahrgeschwindigkeit zugelassen ist. Die Langsamfahrscheibe steht in der Regel im Bremswegabstand der Strecke vor dem Signal Lf 2, der Anfangsscheibe. Signal Lf 2 bedeutet ‚Anfang der vorübergehenden Langsamfahrstelle'. Am Standort der Anfangsscheibe muß der Triebfahrzeugführer die vorgeschriebene Geschwindigkeit erreicht haben.

Signal Lf 3 heißt Endscheibe und bedeutet ‚Ende der vorübergehenden Langsamfahrstelle'. Die Endscheibe steht unmittelbar am Ende des langsam zu befahrenden Streckenabschnittes. Die vorgeschriebene Höchstgeschwindigkeit darf nicht überschritten werden, bis das letzte Fahrzeug die Endscheibe passiert hat (Abb. 41, 42 und 45).

Die Signale Lf 4 und Lf 5 kennzeichnen auf *Nebenbahnen* ständige Langsamfahrstellen. Signal Lf 4 heißt Geschwindigkeitstafel und bedeutet ‚Es folgt eine ständige Langsamfahrstelle, auf der die angezeigte Geschwindigkeit nicht überschritten werden darf'. Die Anfangstafel – Signal Lf 5 – bedeutet ‚Die auf der Geschwindigkeitstafel – Lf 4 – angezeigte Geschwindigkeitsbeschränkung muß durchgeführt sein' und zeigt ein schwarzes A auf weißem Grund (Abb. 46).

Auf *Hauptbahnen* kennzeichnen die Signale Lf 6 und Lf 7 die ständigen Langsamfahrstellen. Signal Lf 6 ist das Geschwindigkeits-Ankündesignal und bedeutet ‚Ein Ge-

Abb. 41 Signal Lf 1 mit der Kennziffer 5 – 50 km/h. Rechts neben der rechten Schiene liegt der Indusi-Prüfmagnet

Abb. 42 Signal Lf 2, die Anfangsscheibe – die Geschwindigkeit von 50 km/h muß erreicht sein. Das Signal ist beleuchtet

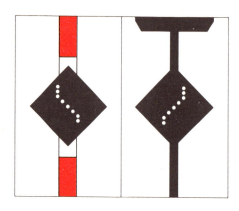

Abb. 43 Signal Zs 6, links außen am Mast eines Formsignals, rechts am Mast eines Lichtsignals. Das Signal zeigt die Fahrt in das benachbarte Gleis an (Skizze oben)

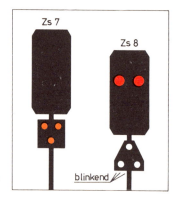

Abb. 44 Links Signal Zs 7 – Vorsichtsignal, rechts Signal Zs 8 – Falschfahrt-Auftragssignal

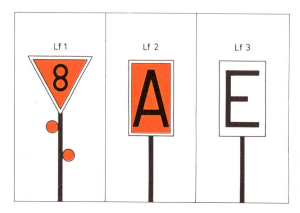

Abb. 45 Langsamfahrsignale einer vorübergehenden Langsamfahrstelle. Die obenstehende Skizze stellt die Standorte der Signale Lf 1, Lf 2 und Lf 3 dar

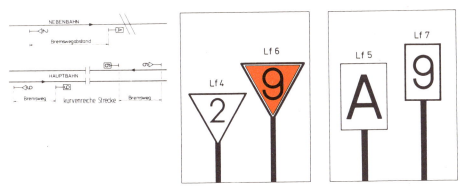

Abb. 46 Links die Ankündigungssignale Lf 4 (Nebenbahn) und Lf 6 (Hauptbahn) für ständige Langsamfahrstellen. Rechts die dazugehörenden Signale Lf 5 (Nebenbahn) und Lf 7 (Hauptbahn). Die obenstehende Skizze verdeutlicht die Standorte der Signale

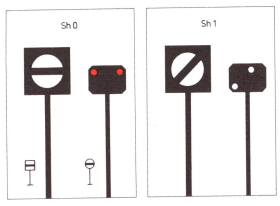

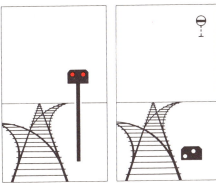

Abb. 47 Schutzsignale. Links als Formsignal, rechts als Lichtsignal, jeweils die Signalbilder Sh 0 und Sh 1 zeigend. Unten das Schutzsignal als Lichtsignal klein (rechts) und in der normalen Ausführung (links)

Abb. 48 Form-Schutzsignal mit Signalbild Sh 1 – „Fahrverbot aufgehoben". Dahinter des Form-Hauptsignal mit Stellung Hp 0. Bei diesen Formsignalstellungen dürfen Rangierabteilungen fahren, während Züge halten müssen. Bei Zugfahrten müssen beide Signale „Fahrt" bzw. „Fahrverbot aufgehoben" zeigen: Hp 1 und Sh 1

Abb. 49 Das Licht-Schutzsignal als Zwergsignal: Sh 0 – „Halt! Fahrverbot" – für Zug- und Rangierfahrten

schwindigkeitssignal – Lf 7 – ist zu erwarten'. Es unterscheidet sich vom Signal Lf 1 durch einen schwarzen Rand und steht in der Regel im Bremswegabstand der Strecke vor dem Geschwindigkeitssignal. Signal Lf 7 bedeutet ‚Die angezeigte Geschwindigkeit darf vom Signal ab nicht überschritten werden'. Die schwarze Kennziffer auf weißem Grund sagt an, daß der zehnfache Wert in km/h als Fahrgeschwindigkeit zugelassen ist. Steht das Signal Lf 7 an einem Hauptsignal, gilt es für den anschließenden Weichenbereich nur bei der Signalstellung Hp 1 – ‚Fahrt'. Das Ende der ständigen Langsamfahrstellen wird dem Triebfahrzeugführer im *Buchfahrplan* mitgeteilt."

„Was kann denn eine solche Langsamfahrstelle sein?" „Nun, Baustellen zum Beispiel sind vorübergehende Langsamfahrstellen, und ständige Langsamfahrstellen auf Nebenbahnen können vor Bahnübergängen eingerichtet werden."

„Welche Signale gibt es denn noch?"

„*Schutzsignale* dienen dazu, ein Gleis abzuriegeln, den Auftrag zum Halten zu erteilen oder die Aufhebung eines Fahrverbotes anzuzeigen. Sie gelten für Zug- und Rangierfahrten. Signal Sh 0 bedeutet ‚Halt! Fahrverbot', Signal Sh 1 bedeutet ‚Fahrverbot aufgehoben' (Abb. 47, 48 und 49).

Signal Sh 2, die Wärterhaltscheibe, bedeutet ‚Schutzhalt'. Das Formsignal Sh 2 wird zur Kennzeichnung einer vorübergehend nicht befahrbaren Gleisstelle oder zur Kennzeichnung einer Stelle, an der Züge ausnahmsweise anhalten sollen, verwendet (Abb. 52).

Die Signale Sh 3, Sh 4 und Sh 5 bedeuten ‚Sofort halten'. Beim Signal Sh 3 wird tagsüber eine weiß-rote Signalfahne oder der Arm im Kreis geschwungen, nachts bedient man sich einer rot abgeblendeten Laterne oder eines anderen leuchtenden Gegenstandes. Das Kreissignal wird gegeben, wenn ein Zug oder eine Rangierabteilung sofort zum Halten gebracht werden muß (Abb. 53).

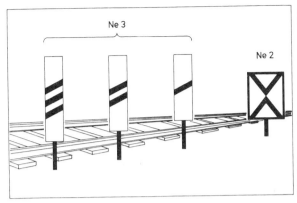

Abb. 50 Signal Ne 3 – Vorsignalbaken und Signal Ne 2 – Vorsignaltafel

Abb. 51 Die Abstände zwischen den Vorsignalbaken und der Vorsignaltafel sowie zwischen dem Vorsignal und dem Hauptsignal

Das Signal Sh 4 ist ein Knallsignal. Um eine Zug- oder Rangierfahrt bei Gefahr anzuhalten, werden im Abstand von mindestens je 30 Metern drei Knallkapseln auf die Schiene gelegt. Die Knallkapseln sollen auf *Hauptbahnen* 1000 Meter und auf *Nebenbahnen* 700 Meter vor der Gefahrenstelle ausgelegt werden.

Das Signal Sh 5 ist ein Horn- und Pfeifsignal, bei dem mehrmals hintereinander drei kurze Töne gegeben werden, wenn das Kreissignal Sh 3 nicht gegeben werden kann oder nicht ausreichend erscheint.

Nebensignale dienen zur Kennzeichnung bestimmter Stellen oder weisen auf Besonderheiten hin. Der Übersichtlichkeit wegen beschränke ich mich bei der Schilderung auf die wichtigsten Signale.

Das Signal Ne 2 ist die Vorsignaltafel. Sie kennzeichnet den Standort des Vorsignals. Vor einem Vorsignalwiederholer und einem Lichtvorsignal am Mast des Lichthauptsignals wird das Signal Ne 2 nicht aufgestellt.

Das Signal Ne 3 umfaßt in der Regel drei Vorsignalbaken, deren Streifenanzahl in der Fahrtrichtung abnimmt. Die letzte Bake steht 100 Meter vor dem Vorsignal, die anderen Baken sind jeweils 75 Meter voneinander entfernt" (Abb. 50).

„Warum die unterschiedlichen Entfernungen?"

„Bei der Deutschen Bundesbahn gibt es den Begriff ‚unsichtiges Wetter'. Zum Beispiel muß das Triebfahrzeug bei unsichtigem Wetter auch tagsüber mit dem eingeschalteten Dreilicht-Spitzensignal fahren. Um dem Triebfahrzeugführer deutlich zu machen, wann das Wetter ‚unsichtig' ist, stellt man die letzte Bake 100 Meter vor dem Vorsignal auf. Kann der Triebfahrzeugführer an der letzten Bake das Vorsignal nicht erkennen – beträgt die Sicht also weniger als 100 Meter – herrscht ‚unsichtiges Wetter' (Abb. 51).

Signal Ne 4 heißt Schachbretttafel und bedeutet ‚Das Hauptsignal steht nicht unmittelbar rechts neben oder über dem Gleis'. Das Signal Ne 4 ist in der Regel nur bei zeitweise eingleisigem Betrieb in Höhe des zugehörigen Hauptsignals aufgestellt (Abb. 54).

Das Signal Ne 5 – die Haltetafel – zeigt dem Triebfahrzeugführer den Halteplatz der Zugspitze an (Abb. 56).

Mit den *Signalen für Bahnübergänge* will ich die Signalschilderung beenden.

Man unterscheidet *Bahnübergänge* mit technischer Sicherung, das sind Schranken, Blinklichter mit und ohne Halbschranken sowie Lichtzeichen mit und ohne Halbschranken und Bahnübergänge ohne technische Sicherung. Die mit Schranken tech-

Abb. 52 Wärterhaltscheibe mit Laterne als Nachtlicht

Abb. 53 Kreissignal mit weiß-roter Signalfahne

Abb. 54 Signal Ne 4 – Schachbrettafel. Die obenstehende Skizze verdeutlicht die Anwendung des Signals

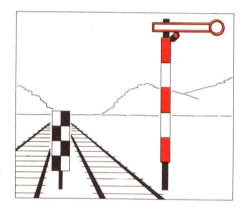

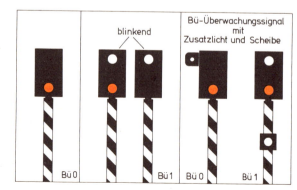

Abb. 55 Blinklicht-Überwachungssignal, links Bü 0, Mitte Bü 1, rechts mit Zusatzlicht bei verkürztem Bremsweg oder Wiederholer und mit Scheibe als Wiederholer. Die Skizze darüber zeigt das Überwachungssignal vor einem Bahnübergang mit Blinklicht und Halbschranken

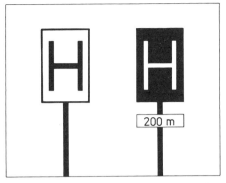

Abb. 56 Die Haltetafel Ne 5. Links weißgrundig, rechts schwarzgrundig. Die Haltetafel kann Zusatzschilder mit Zuglängenangaben tragen

nisch gesicherten Bahnübergänge werden dem Triebfahrzeugführer in der Regel nicht angezeigt. Vor Bahnübergängen mit Blinklichtern oder *Lichtzeichen* – mit oder ohne *Halbschranken* – stehen die Überwachungssignale Bü 0 / Bü 1 sowie die Signale Bü 2 und Bü 3.

Abb. 57 Signal Bü 1 mit Scheibe als Wiederholer

Signal Bü 0 bedeutet ‚Halt vor dem Bahnübergang! Weiterfahrt nach Sicherung'. Es zeigt an, daß die *Blinklichtanlage* ausgefallen oder gestört ist, während Signal Bü 1 dem Zug ‚Der Bahnübergang darf befahren werden' anzeigt (Abb. 55 und 57).

Signal Bü 2, die Rautentafel, macht darauf aufmerksam, daß ein Überwachungssignal Bü 0 / Bü 1 zu erwarten ist. Die Rautentafel kennzeichnet den Einschaltpunkt des Blinklichts oder des Lichtzeichens. Die Blinklichtanlagen, deren Funktion der Triebfahrzeugführer mit Bü 0 / Bü 1 überwacht, nennt man in der Fachsprache ‚Blilo' – Blinklichtanlage mit Lokführerüberwachung. Die Beschreibung der Überwachungssignale macht deutlich, daß im Störungsfall der Zug rechtzeitig anhalten kann. Anders die ‚Blifü' – Blinklichtanlage mit Fernüberwachung – die dem Triebfahrzeugführer durch das Signal Bü 3 angekündigt wird.

Das Signal Bü 3, die Merktafel, kennzeichnet lediglich den Einschaltpunkt des Blinklichts, ohne daß dem Triebfahrzeugführer mitgeteilt wird, ob die Anlage auch arbeitet. Die Überwachung obliegt bei dieser Anlage dem Fahrdienstleiter des nächsten Stellwerks (Abb. 58).

Bahnübergänge ohne technische Sicherung werden dem Zug durch die Signale Bü 4 und Bü 5 mitgeteilt. Signal Bü 4 ist die Pfeiftafel. Sie bedeutet ‚Etwa 3 Sekunden lang pfeifen'. Signal Bü 5, die Läutetafel, bedeutet ‚Es ist zu läuten bis die Spitze des Zuges den Bahnübergang überquert hat' (Abb. 59). Alle eben besprochenen Signale stehen in der Regel unmittelbar rechts neben dem Gleis. Ausnahmen, wie sie zum Beispiel beim Falschfahrbetrieb vorkommen, werde ich noch erläutern."

„Ich wohne ziemlich nahe an einer Eisenbahnstrecke," unterbricht die ältere Dame den Eisenbahner.

„Kürzlich wurde an den Gleisen gebaut, und ich hörte sehr oft recht laute Blasgeräusche. Sind das auch Signale?"

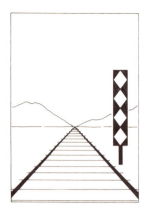

Abb. 58 Links Signal Bü 2 – Rautentafel – kennzeichnet den Einschaltkontakt der Blinklicht-Überwachungssignale Bü 0/Bü 1. Rechts Signal Bü 3 – Merktafel – kennzeichnet den Einschaltkontakt der Blinklichtanlage oder des Lichtzeichens mit Fernüberwachung. Die Skizze darüber zeigt die Merktafel vor einem Bahnübergang mit Lichtzeichen

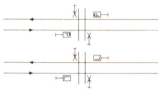

Abb. 59 Signale Bü 4 – Pfeiftafel (links, auch schwarzgrundig mit weißem Rand und weißem „P") – und Bü 5 – Läutetafel (rechts). Ihren Standort auf Nebenbahnen macht obenstehende Skizze deutlich: Pfeif- und Läutetafel vor einem Bahnübergang ohne technische Sicherung

Abb. 60 Sicherungsposten mit Typhon

Abb. 61 Fahnenschild (Signal Ro 4)

Abb. 62 Indusi-Magnete an Vor- und Hauptsignal. Das schwarze Dreieck am Ende des Durchrutschweges ist der Signalzugschlußstellenkontakt. Wie bereits beschrieben, schaltet er beim Überfahren die elektr. Streckentastensperre aus. Die Zahlen geben die Frequenz der Indusi-Magnete an (Vorsignal = 1000 Hz, Hauptsignal = 2000 Hz)

„Jawohl, das sind *Rottenwarnsignale.* Bei Bauarbeiten werden *Sicherungsposten* aufgestellt, die die im Gleis arbeitenden Gleisbauarbeiter vor herannahenden Zügen warnen. Es gibt die Rottenwarnsignale Ro 1 bis Ro 4.

Ro 1 bedeutet ‚Vorsicht! Im Nachbargleis nähern sich Fahrzeuge' – es wird ein langer Ton mit dem Mehrklanghorn gegeben (Abb. 60).

Ro 2 bedeutet ‚Arbeitsgleis räumen' – das sind zwei lange Töne mit dem Mehrklanghorn nacheinander.

Ro 3 bedeutet ‚Arbeitsgleis schnellstens räumen'. Dabei werden fünfmal je zwei kurze Töne nacheinander gegeben. Ro 4 ist das Fahnenschild (Abb. 61). Es kennzeichnet auf schwierigen Baustellen die Gleisseite, nach der beim Ertönen der Signale Ro 1, Ro 2 und Ro 3 die Arbeitsgleise zu räumen sind."

„Das ist ja alles ganz schön und gut, was Sie soeben von den Signalen erzählt haben," wendet der junge Mann zweifelnd ein, „aber was nutzen alle Signale, wenn der Lokführer sie nicht beachtet?"

„Das kann ich Ihnen erklären: Hauptsignale, Vorsignale und die Langsamfahrsignale werden durch die *induktive Zugsicherung* – Indusi genannt – gesichert. Die *Indusi* funktioniert folgendermaßen: an der Spitze des Zuges, also an der Lok bzw. am Steuerwagen, befindet sich ein Magnet, der ständig wirksam geschaltet ist. An den Vorsignalen sowie an den Langsamfahrsignalen liegen 1 000-Hertz-Magnete und an den Hauptsignalen 2 000-Hertz-Magnete. Fährt ein Zug an einem Vorsignal in der Stellung Vr 0 – also „Zughalt erwarten" – oder Vr 2 – „Langsamfahrt erwarten" – bzw. an einem Langsamfahrsignal vorbei, muß der Triebfahrzeugführer die sogenannte *Wachsamkeitstaste* drücken (Abb. 62). Anschließend ist er gezwungen, seine Geschwindigkeit zu verringern. Vergißt er nur eine der beiden Handlungen, bekommt der Zug eine durch die Magnete hervorgerufene Zwangsbremsung.

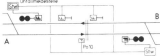

Abb. 63 Richtungspfeil am Fahrleitungsmast (links) kennzeichnet die Richtung zum nächstgelegenen Fernsprecher (rechts). Die obenstehende Skizze zeigt die Verbindungen der Strecken- und Signalfernsprecher

Bei der Vorbeifahrt an einem Hauptsignal in Hp 0-Stellung – ‚Zughalt' – ist die sofort einsetzende Zwangsbremsung durch nichts mehr aufzuhalten. In den Signalstellungen Hp 1, Hp 2 und Vr 1 sind die Magnete an den Signalen ausgeschaltet. Würde der Triebfahrzeugführer mit der Befehlstaste den Magneten ausschalten, was bei Betriebsstörungen nötig werden kann, spränge das angeschlossene Zählwerk eine Nummer weiter. Die Nummern müssen vom Triebfahrzeugführer nachgewiesen werden.

An jedem Hauptsignal der freien Strecke befindet sich in der Regel ein *Signalfernsprecher,* mit dem der Zugführer den betreffenden Fahrdienstleiter erreicht.

Streckenfernsprecher sind auf Hauptbahnen im Abstand von 1 100 Metern aufgestellt (Abb. 63). Mit ihnen werden beide benachbarten Zugmeldestellen erreicht, von denen eine die Unfallmeldestelle ist. Schwarze Richtungspfeile auf den Kilometersteinen oder an den Fahrleitungsmasten kennzeichnen die Richtung zum nächstgelegenen Streckenfernsprecher.

Soweit die wichtigsten Signale.

Die schriftlichen Befehle

Bei Abweichungen vom Regelbetrieb, bei Störungen und in Situationen, die besondere Vorsicht verlangen, erhalten Züge, Rangierabteilungen und Nebenfahrzeuge schriftliche Befehle auf besonderen Vordrucken. Die Deutsche Bundesbahn benutzt dazu drei Befehlsarten, die in sich wiederum gegliedert sind und eine Vielzahl von Mitteilungen bzw. Anordnungen enthalten:

Der *Befehl A* mit seinen Abschnitten a bis d gilt für Weisungen aller Art, der *Befehl B* – gegliedert in a bis f – wird für das Befahren des falschen Gleises benutzt und der *Vorsichtsbefehl* mit seinen 10 Gründen wird ausgestellt, wenn eine Geschwindigkeitsbeschränkung beachtet werden soll, über die das Zugpersonal noch nicht unterrichtet ist oder wenn auf Sicht gefahren wird. In den eben genannten Fällen schreibt der Fahrdienstleiter den Befehl aus, übergibt dem Zugführer den Vordruck – zweifach – und läßt sich von ihm den Empfang bescheinigen. Eine Ausfertigung des Befehls bekommt der Triebfahrzeugführer, die andere ist für den Fahrtbericht des Zugführers bestimmt. Der Triebfahrzeugführer bewahrt seinen Befehlsvordruck sichtbar im Führerstand auf."

„Ist das nicht ziemlich langwierig? Schließlich kann doch auch einmal eine Signalstörung auf der freien Strecke auftreten. Muß dann der Zugführer bis zum nächsten Stellwerk laufen?"

„Zur Beschleunigung des Verfahrens kann der Fahrdienstleiter den Befehl A und den Vorsichtsbefehl dem Zug- oder Triebfahrzeugführer über den Signalfernsprecher fernmündlich diktieren. Selbstverständlich entfällt dann die Empfangsbescheinigung. In den Signalfernsprecherkästen sind die entsprechenden Vordrucke vorhanden.

Ein neuer *Sammelbefehl* für Züge mit Zugbahnfunk bewirkt eine weitere Vereinfachung des Verfahrens. Der Sammelbefehl

Abb. 64 Befehl A (d). Die jeweils gültige Information wird durch senkrechte Linien umrahmt (gilt auch für Befehl B)

ist weitgehend den Befehlsvordrucken A und Vorsichtsbefehl angeglichen. Triebfahrzeugführer und Fahrdienstleiter verwenden ihn bei *Zugbahnfunk* (ZBF) anstelle der Vordrucke „Befehl A" und „Vorsichtsbefehl". Werden für einen Zug beide Befehle gleichzeitig erforderlich, müssen zwei Vordrucke „Sammelbefehl" verwandt werden. Der Sammelbefehl liegt auf allen Triebfahrzeugen, Steuerwagen, Schwerkleinwagen usw., die mit ZBF-Fahrzeuggeräten ausgerüstet sind. Wie geht die Übermittlung des Befehls nun vor sich?

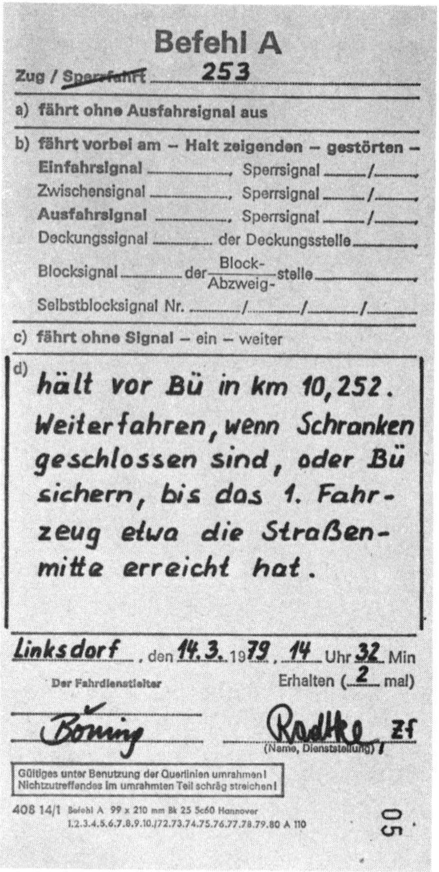

Befehl B

Zug / Sperrfahrt / Schiebelok für Zug __3416__

a) fährt auf falschem Gleis
   von __Linksdorf__ nach __X-Stadt__
b) fährt – schiebt nach – in Richtung _____
   _____ Gleis
   auf richtigem und   auf falschem und
   kehrt zurück auf   kehrt zurück auf
   falschem Gleis   richtigem Gleis
   Auf richtigem Gleis die zugehörigen Signale
   beachten!
c) fährt aus – weiter –   fährt aus – weiter –
   ohne Ausfahrsignal   bei Halt zeigendem Signal
                          __P2__
d) hält auf falschem Gleis am Standort
   des _____ Sig _____ in _____
   des _____ Sig _____ in _____
   des EinfSig __F__ des __X-Stadt__
   auch bei Fahrtstellung
e) hält auf falschem Gleis nicht am Standort des
   EinfSig _____ BkSig _____
   des Bf _____ der Abzw _____
   und fährt dort ohne Signal mit höchstens 40 km/h
   ein – und aus –   weiter
f) _____

__Linksdorf__, den __17.3.__19__79__, __11__ Uhr __14__ Min
Der Fahrdienstleiter   Erhalten (__2__ mal)

__König__   __Franke__ Zf
                             (Name, Dienststellung)

Gültiges unter Benutzung der Querlinie unterstreichen!
Nichtzutreffendes im umrahmten Teil schräg streichen!

408 15 Befehl B 99 × 210 mm Bk 100 Sc60 Hannover
2.3.4.5.6.7.8.9.10./72.73.74.75.76.77.78.79.80 A 110

03

noch Abb. 64 Befehl B

Vorsichtsbefehl

Zug / Sperrfahrt __211__ fährt
im Bahnhof _____
zwischen __Abzw. Mitte__ und __Rechtsheim__
         (Zugmeldestelle)   (Zugmeldestelle)
von km __46,3__ bis km __46,4__

vorsichtig
mit höchstens __5__ km/h
Grund Nr. __9__
Nichtzutreffendes im umrahmten Teil schräg streichen

1. Weichen außer Abhängigkeit von den Signalen
2. Einfahrgleis ist – teilweise besetzt – Stumpfgleis
3. Bauarbeiten – Schäden am Oberbau
4. Erster Zug nach Bauarbeiten
5. Rotte nicht verständigt
6. Bahnübergang nicht ausreichend gesichert
7. Verständigung zwischen den Zugmeldestellen gestört
8. Gesicherter Schienenbruch
9. Ungesicherter Schienenbruch. Auf Zeichen des Postens an der Bruchstelle achten
10. _____

__Abzw. Mitte__, den __13.3.__19__79__, __10__ Uhr __12__ Min
Der Fahrdienstleiter   Erhalten (__2__ mal)

__Oehlen__   __Schulte__, Zf
                            (Name, Dienststellung)

408 16 Vorsichtsbefehl 99 × 210 mm Bk 100 Sc60 Hannover
2.3.4.5.6.7.8.9.10./72.73.74.75.76.77.78.79.80 A 110

03

noch Abb. 64 Vorsichtsbefehl

Der örtlich zuständige Fahrdienstleiter ruft die ZBF-Zentrale und gibt an, welcher Zug Sammelbefehl erhalten soll. Daraufhin ruft die ZBF-Zentrale den Triebfahrzeugführer mit dem kodierten Auftrag „Bef". Die Wahrnehmung des Auftrags muß der Triebfahrzeugführer der ZBF-Zentrale bestätigen. Beim nächsten Halt stellt die ZBF-Zentrale eine Fernsprechverbindung zwischen Fahrdienstleiter und Triebfahrzeugführer her. Der Fahrdienstleiter diktiert den Sammelbefehl, vermerkt auf seinem Vordruck die Vordruck-Nummer des Befehls im Triebfahrzeug und den Namen des Triebfahrzeugführers. Der Triebfahrzeugführer wiederholt die Mitteilung und unterzeichnet den Sammelbefehl mit „gez. (Name des Fahrdienstleiters)" und „I. A. (Name des Triebfahrzeugführers)". Anschließend verständigt er den Zugführer so bald wie möglich vom Inhalt des Sammelbefehls.

Um Fehlinformationen auszuschließen, darf der Sammelbefehl nur dann übermittelt werden, wenn der Zug hält, der Zugbahnfunk ohne Störung arbeitet und die Genoch Abb. 64 Sammelbefehl für Züge mit Zugbahnfunk. Die Vorderseite zeigt den Vordruck für den Befehl A

Deutsche Bundesbahn

Sammelbefehl für Züge mit Zugbahnfunk

Befehl A Zug/~~Sperrfahrt~~ _255_

a) fährt im Bahnhof _____ ohne Ausfahrsignal aus

b) fährt vorbei am – Halt zeigenden – gestörten –
   _____ signal _____ Sperrsignal _____ / _____
   des Bahnhofs/der Block-/Abzweig- stelle _____
   Selbstblocksignal Nr. _____ / _____ / _____

c) fährt in den Bahnhof / auf der Abzweigstelle _____ ohne Signal – ein – weiter

d) Nr. 1 hält vor BÜ in km _____. Weiterfahren, wenn Schranken geschlossen sind, oder BÜ sichern, bis das 1. Fahrzeug etwa die Straßenmitte erreicht hat.

d) Nr. 2 hält vor BÜ in km _342,5_. Weiterfahren, wenn Bahnübergangssicherung mit Hilfseinschalttaste (HET) eingeschaltet ist, oder BÜ sichern, bis das 1. Fahrzeug etwa die Straßenmitte erreicht hat.

d) Nr. 3 hält außerplanmäßig in _____ zum _____

d) Nr. 4 fährt zwischen _____ und _____ mit höchstens _____ km/h
   zwischen _____ und _____ mit höchstens _____ km/h
   Niedrigere Geschwindigkeiten der Spalten 2 und 3a des Fahrplans einhalten.

d) Nr. 5 hält in km _____ vor _____
   Lü mit 5 km/h vorbeileiten. Auf Zeichen des technischen Beamten achten.

d) Nr. 6 Rangieren im Bahnhof _____ auf Einfahrgleis aus Richtung _____
   über die – Rangierhalttafel – Einfahrweiche Nr. _____ – hinaus bis _____ Uhr erlaubt.

d) Nr. 7 _____

Nordstadt, den _04.12._ 19_78_ _10_ Uhr _52_ Min. lfd. Nr. der Ausfertigung des Triebfahrzeugführers: _____

gez. _Freese_   I.A. _Carls_
(Name des Fahrdienstleiters)   (Name des Triebfahrzeugführers)

29

408/VIII 01 Sammelbefehl A 5 Bk 25 Z 30 110 Hannover
VI. 78 A 110 1.2.3.4.5.6.7.8.9.10/78.79.80.81.82

Gültiges unter Benutzung der Querlinien umrahmen!
Nichtzutreffendes im umrahmten Teil schräg streichen!

---

sprächsverbindung mit nur **einem** Triebfahrzeugführer besteht, ohne das andere Triebfahrzeugführer mithören können. Befehle B dürfen nicht über Zugbahnfunk gegeben werden (Abb. 64).

Schriftliche Befehle sollen – wenn möglich – durch Signale ersetzt werden. Die dafür vorgesehenen Zusatzsignale – Zs 1, Zs 7 und Zs 8 – habe ich ja bereits beschrieben."

Der Zug verringert seine Geschwindigkeit und nähert sich dem Bahnhof Linksdorf. Der Eisenbahner blickt auf seine Uhr. „Bis jetzt sind wir pünktlich, ich vermute aber, daß wir in Linksdorf wegen der Umleitung Verspätung bekommen."

Der Zug fährt polternd über Weichen, schiebt sich an den Bahnsteig heran und hält endlich mit kreischenden Bremsen. „Linksdorf Hauptbahnhof, Linksdorf Hauptbahnhof Gleis 3. Der eingefahrene Schnellzug 317 fährt weiter nach B, planmäßige Abfahrt 11 Uhr 02. Achtung, eine Durchsage: Wegen einer Betriebsstörung fährt der D-Zug 317 heute ausnahmsweise

noch Abb. 64 Die Rückseite zeigt den Vordruck für den Vorsichtsbefehl

Sammelbefehl für Züge mit Zugbahnfunk

Vorsichtsbefehl Zug/~~Sperrfahrt~~ _4799_ fährt
~~im Bahnhof~~
zwischen Bf _Südfeld_ und Bk _Tanne_ von/in km _82,0_ bis km _82,5_
(Zugmeldestelle)   (Zugmeldestelle)

vorsichtig

1. mit höchstens 50 km/h Weichen außer Abhängigkeit von den Signalen
   – Lf-Signale sind nicht aufgestellt –.
2. mit höchstens ___ km/h Einfahrgleis ist – teilweise besetzt – Stumpfgleis.
3. mit höchstens ___ km/h Bauarbeiten – Schäden am Oberbau
   – Lf-Signale sind nicht aufgestellt –.
4. mit höchstens ___ km/h Erster Zug nach Bauarbeiten.
5. mit höchstens 40 km/h und auf Sicht, Rotte nicht verständigt.
6. mit höchstens 20 km/h Bahnübergang nicht ausreichend gesichert.
7. mit höchstens ___ km/h und auf Sicht,
   Verständigung zwischen den Zugmeldestellen gestört.
8. mit höchstens ___ km/h Gesicherter Schienenbruch.
9. mit höchstens 5 km/h Ungesicherter Schienenbruch.
   Auf Zeichen des Postens an der Bruchstelle achten.
10. mit höchstens ___ km/h Indusi-Streckeneinrichtung ___
    gestört.
11. mit höchstens 40 km/h und auf Sicht, nach Fahrleitungsschäden Ausschau halten.
12. mit höchstens ___ km/h Fahrt ohne Lotsen.
13. mit höchstens 40 km/h und auf Sicht, Gleis kann besetzt sein.
14. mit höchstens ___ km/h

Südfeld, den _23.01._19_79_ _15_ Uhr _12_ Min. lfd. Nr. der Ausfertigung des Triebfahrzeugführers: ___
(Sitz des Fahrdienstleiters)

gez. _Nannen_   I.A. _Eickelborn_
(Name des Fahrdienstleiters)   (Name des Triebfahrzeugführers)

Gültiges unter Benutzung der Querlinien umrahmen!
Nichtzutreffendes im umrahmten Teil schräg streichen!

über Y-Bach. Reisende nach Rechtsheim ..."
Während der Lautsprecher auf die Umleitung hinweist, schaut Herr Miermann aus dem Fenster und beobachtet das Treiben auf dem Bahnsteig.
„Warum hat unser Zug hier planmäßig sieben Minuten Aufenthalt?" fragt er den Eisenbahner.
„Sehen Sie dort drüben die drei D-Zug-Wagen mit der Rangierlok davor? Das sind die Kurswagen von C nach B über Rechtsheim und Z-Stadt. Die kamen mit dem D 422, wurden abgehängt, aufs Nachbargleis geschoben und werden jetzt an unseren Zug angehängt. Sehen Sie, gerade fährt die Rangierabteilung los." „Bis jetzt haben wir nur gehört, daß Rangierfahrten im Gegensatz zu Zugfahrten im allgemeinen auf signaltechnisch ungesicherten Fahrwegen stattfinden. Gibt es noch mehr Wissenswertes vom Rangieren zu berichten?" fragt die ältere Dame. „Ja, es gibt noch einiges darüber zu erzählen.

45

Der Rangierdienst

Bevor ein Zug fahren kann, muß er gebildet werden. Das Bilden der Züge geschieht durch den Rangierdienst. Beim Rangieren werden Fahrzeuge innerhalb der Bahnhöfe, der verschiedenen Bahnhofsanlagen und Anschlußstellen bewegt, getrennt oder verbunden. Vor der Zugfahrt hat der Betriebsdienst also die Rangierfahrten gesetzt.

Eine weitere Aufgabe des Rangierdienstes sind die Bedienungsfahrten in *Baugleise,* um Baustellen mit Personal, Material, Maschinen und Laderaum zu versorgen. Der Rangierdienst ist also ein wichtiger Zweig des Betriebes.

Rangierfahrten dürfen nur unter Leitung eines Rangierleiters stattfinden, der für die sichere Durchführung der Rangierfahrten verantwortlich ist. *Rangierleiter* können Rangierbeamte und Zugbegleiter sein. Für einzelne Triebfahrzeuge oder für kleinere Rangierabteilungen ohne Begleitpersonal kann der Weichenwärter auf dem Stellwerk als Rangierleiter bestimmt werden. Wichtig ist, daß der Rangierleiter dem jeweiligen Triebfahrzeugführer bekannt ist, damit Verwechslungen bei der Verständigung ausgeschlossen werden.

Dem Rangierleiter unterstehen die Rangierer, ihm übergeordnet ist auf größeren Bahnhöfen die Rangieraufsicht. Die Verständigung beim Rangieren zwischen Weichenwärter und Rangierleiter einerseits und zwischen Rangierleiter und Triebfahrzeugführer andererseits geschieht mündlich – auch durch Lautsprecher und Funk, schriftlich durch Rangierzettel und optisch und akustisch durch Rangiersignale.

Rangiersignale müssen gleichzeitig sichtbar und hörbar gegeben werden. Sie gelten allerdings bereits, wenn sie nur sichtbar aufgenommen werden. Das Signal Ra 5 – ‚Rangierhalt' – gilt schon dann, wenn es nur hörbar oder nur sichtbar aufgenommen wird.

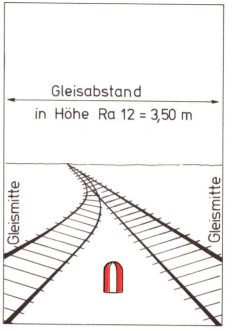

Abb. 65 Das Grenzzeichen Ra 12 steht zwischen dem geraden und dem abzweigenden Strang einer Weiche

Abb. 66 Die Rangierhalttafel Ra 10 steht l i n k s neben dem Einfahrgleis

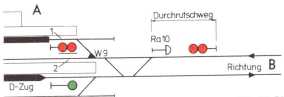

Abb. 67 Die Rangierabteilung in Gleis 1 soll umgesetzt werden nach Gleis 2. In Gleis 3 steht der D-Zug abfahrbereit. Am Ende des Durchrutschweges des Einfahrsignals aus Richtung B steht die Rangierhalttafel Ra 10

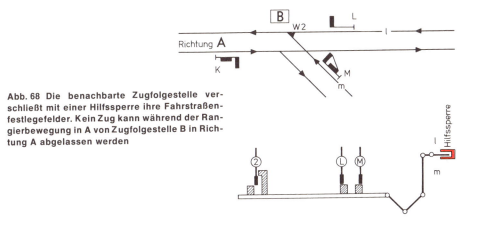

Abb. 68 Die benachbarte Zugfolgestelle verschließt mit einer Hilfssperre ihre Fahrstraßenfestlegefelder. Kein Zug kann während der Rangierbewegung in A von Zugfolgestelle B in Richtung A abgelassen werden

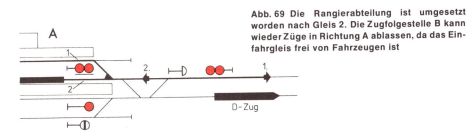

Abb. 69 Die Rangierabteilung ist umgesetzt worden nach Gleis 2. Die Zugfolgestelle B kann wieder Züge in Richtung A ablassen, da das Einfahrgleis frei von Fahrzeugen ist

Der Rangierauftrag, der Zweck, das Ziel und der Weg der Rangierfahrt müssen allen Beteiligten bekannt sein. Der Weichenwärter erteilt vom Stellwerk aus seine Zustimmung zur Fahrt entweder mündlich, durch das Signal Sh 1 oder durch das Stellen der zuerst zu befahrenden Weiche. Während der Rangierfahrt nimmt der Rangierleiter möglichst an der Spitze oder so Platz, daß er den Fahrweg beobachten kann.

Die Höchstgeschwindigkeit für Rangierfahrten beträgt 25 km/h und für einzeln fahrende Triebfahrzeuge 40 km/h."

„Auf Rangierbahnhöfen gibt es doch Ablaufberge," unterbricht der junge Mann die Schilderung. „Dürfen denn da auch Reisezugwagen abgestoßen werden?"

„Zunächst einmal folgendes: zwischen ‚abstoßen' und ‚ablaufen' besteht ein Unterschied. Abgestoßen wird mit der Kraft des Triebfahrzeuges und Ablaufen geschieht durch das Gefälle des Ablaufberges. Das Abstoßen und besonders das Ablaufenlassen von Fahrzeugen beschleunigen wesentlich die Rangiervorgänge und steigern damit die Leistungsfähigkeit der Rangierbahnhöfe. Durch besondere betriebliche Anordnungen und technische Maßnahmen – z.B. Gleisbremsen im Ablaufbetrieb, die die Geschwindigkeit des ablaufenden Fahrzeuges stark vermindern, Benutzung von Handbremsen und Hemmschuhen – wird ein nahezu gefahrloses und gutschonendes Rangieren erreicht. Dennoch werden bei der Deutschen Bundesbahn Wagen, die mit besonderer Vorsicht zu rangieren sind – sogenannte *Vorsichtswagen* – zum Teil noch schärferen Bedingungen unterworfen. So sind für bestimmte Fahrzeuge das Abstoßen und Ablaufenlassen überhaupt verboten; in Richtung auf diese Fahrzeuge dürfen auch andere weder abgestoßen werden noch ablaufen. Zu dieser Gruppe gehören u. a. Wagen, die mit Reisenden besetzt sind, Wagen, die die Aufschrift tragen ‚Abstoßen und Ablaufenlassen verboten', Schwerwagen über 100 t, Sendungen mit Lademaßüberschreitung und nicht arbeitende Triebfahrzeuge.

Bestimmte andere Fahrzeuge dürfen nur abgestoßen werden oder ablaufen, wenn sie mit Handbremsen angehalten werden. Zu dieser Gruppe gehören u. a. Wagen, die mit Pferden beladen sind, mit flüssigen Gasen gefüllte Wagen, die durch einen orangefarbenen Längsstreifen gekennzeichnet sind, Wagen, in denen sich z. B. Begleiter von Tieren befinden und Wagen, die noch nicht fertig be- oder entladen sind.

Schließlich darf eine dritte Gruppe von Vorsichtswagen nur abgestoßen werden oder ablaufen, wenn sie mit Handbremse angehalten oder wenn zwei Hemmschuhe ausgelegt werden. Hierzu gehören u. a. Wagen, die mit Vieh – außer Pferden – oder Fahrzeugen beladen sind, unbesetzte Reisezugwagen mit Drehgestellen und Wagen mit der Aufschrift ‚Vorsichtig rangieren'. Kein Wagen darf allerdings in Gleise ablaufen oder abgestoßen werden, die ohne Flankenschutzweiche in Hauptgleise münden oder Hauptgleise kreuzen. Auch Gleise, in denen Wagen stehen, an denen gearbeitet wird, und Baugleise fallen unter das Verbot.

Beim Abstellen von Wagen muß das Rangierpersonal auf die Profilfreiheit des Nachbargleises achten. Die Wagen dürfen aus diesem Grund nur bis zum *Grenzzeichen* Ra 12 abgestellt werden (Abb. 65). Abgestellte Wagen müssen festgelegt werden. Das kann durch das Anziehen der Handbremse, durch Radvorleger oder durch Hemmschuhe geschehen.

Um die Besonderheiten zu umreißen, zähle ich abschließend die wichtigsten Unterschiede zwischen der Rangierfahrt und der Zugfahrt auf: die *Zugfahrt* findet in der Regel auf Fahrstraßen mit Hauptsignal und Signalabhängigkeit und im Blockabstand statt, während sich die *Rangierabteilung* – außer in Bahnhöfen mit moderner Stellwerkstechnik – nur auf signaltechnisch ungesicherten Fahrwegen ohne Abhängigkeit und Hauptsignal auf Sicht bewegt. Lediglich das Hauptsignal Hp 00 bedeutet auch für die Rangierfahrt ‚Halt'.

Aufgrund der besonderen Gefährdung, die Rangierfahrten darstellen, dürfen Hauptgleise nur mit Wissen des Fahrdienstleiters zum Rangieren benutzt werden. Anhand eines Beispiels will ich Ihnen die Vorgänge in einem solchen Fall schildern.

In Gleis 1 eines Bahnhofs befindet sich eine Rangierabteilung, die dringend nach Gleis 2 umgesetzt werden soll. In Gleis 3 steht ein D-Zug abfahrbereit. Da die Ausfahrt des D-Zuges unmittelbar bevorsteht und durch die Rangierabteilung nicht verzögert werden darf, kann das *Ausfahrgleis* zum Rangieren nicht benutzt werden. Am *Einfahrgleis* hinter dem Einfahrsignal steht am Ende des Durchrutschweges das Signal Ra 10, die *Rangierhalttafel* (Abb. 66).

Im Regelfall darf mit Wissen des Fahrdienstleiters auf dem Einfahrgleis bis zu dieser Tafel rangiert werden. Da in unserem Beispiel die Rangierabteilung sehr lang ist und das Gleis zwischen der Weiche 9 und der Rangierhalttafel dafür nicht ausreicht, muß über die Rangierhalttafel hinaus rangiert werden. Die Rangierabteilung benutzt also den *Durchrutschweg* des Einfahrsignals und die freie Strecke (Abb. 67). Der Rangierleiter verständigt Fahrdienstleiter und Triebfahrzeugführer über Zweck, Ziel und Weg der beabsichtigten Rangierbewegung. Der Fahrdienstleiter vergewissert sich bei der benachbarten Zugfolgestelle, daß von dort kein Zug unterwegs ist. Stimmt der Fahrdienstleiter der benachbarten Zugfolgestelle der Rangierbewegung zu, bringt er am Zugmeldetelefon ein Warnschild an. Außerdem sperrt er mit *Hilfssperre* sein *Fahrstraßenfestlegefeld* oder – wenn nicht vorhanden – sein Blocksignal. Da es sich in unserem Beispiel bei der benachbarten Zugfolgestelle um eine Abzweigstelle handelt, müssen zwei Fahrstraßen mit den dazugehörenden Signalen gesperrt werden (Abb. 68).

Der Fahrdienstleiter der Abzweigstelle kann also während des vereinbarten Zeitraumes keinen Zug auf Hauptsignal ablassen. Nachdem also nun die benachbarte Zugfolgestelle der Rangierbewegung zugestimmt hat, kann der Fahrdienstleiter unseres Bahnhofs dem Rangierleiter und dem Triebfahrzeugführer mit dem schriftlichen *Befehl Ad* – ‚Rangieren auf Einfahrgleis aus Richtung B über die Rangierhalttafel hinaus bis 15.10 Uhr erlaubt' – die Erlaubnis für die beabsichtigte Rangierbewegung erteilen. Beide beteiligten Fahrdienstleiter vermerken diese Besonderheit in ihren Unterlagen (Abb. 69). Nach Beendigung der Rangierarbeiten benachrichtigt der Fahrdienstleiter des Bahnhofs seinen Kollegen in der benachbarten Zugfolgestelle, der erst jetzt Warnschild und Hilfssperre entfernen darf.

„Mir ist da etwas aufgefallen", sagt der junge Mann. „Sie haben den Begriff ‚Lademaßüberschreitung' gebraucht. Was ist das?"

„Zu den außergewöhnlichen Sendungen, die die Deutsche Bundesbahn befördert, gehören Sendungen mit Lademaßüberschreitungen. *Lü-Sendungen,* wie sie auch genannt werden, sind in vier Beförderungsklassen eingeteilt, die sich nach Lademaßbreite und Lademaßhöhe unterscheiden. Die Bundesbahn nennt die vier Klassen Lü ‚Anton', Lü ‚Berta', Lü ‚Cäsar' und Lü ‚Dora'. Lü ‚Dora'-Sendungen z. B. werden nur bei Sperrung des Nachbargleises befördert.

Feste Gegenstände neben oder über dem Gleis können bewirken, daß Lü-Sendungen von einem Technischen Beamten begleitet werden, der die Vorbeifahrt in Schrittgeschwindigkeit beobachtet. Desweiteren kann es notwendig sein, daß Fahrleitungen abgeschaltet und Signalteile oder andere feste Gegenstände vorübergehend beseitigt werden. Unter Umständen findet die Beförderung der Lü-Sendung auf dem Gleis der Gegenrichtung statt.

Sendungen mit Lademaßüberschreitungen werden mit Zugnummer und der Bezeichnung der Lü-Anordnungen von der Direktion bekanntgegeben. Die Fahrdienstleiter tragen die Lü-Sendungen in den Merkkalender ein und geben sie den beteiligten Mitarbeitern, z. B. auf anderen Stellwerken bekannt, die sie in den Auszug aus dem Merkkalender aufnehmen. Die Fahrdienstleiter unterrichten sich vor der Durchführung von Lü-Sendungen anhand der Lü-Anordnungen über die wichtigen Einzelheiten."

Ein leichter Ruck geht durch den Zug, als die Kurswagen an den Schluß des Zuges gedrückt werden. Herr Miermann schaut wieder hinaus. Als er in Richtung Zugschluß blickt, bemerkt er einen Rangierer, der neben den beigestellten Kurswagen steht und heftige Armbewegungen macht. Gleich darauf vernimmt man ein deutliches Zischen.

„Was geschieht denn da?" fragt Miermann.

„Jetzt wird gerade die Bremsprobe gemacht," antwortet der Eisenbahner.

„Wie geht denn das vor sich?" will die junge Dame wissen. „Wenn es Sie interessiert, erzähle ich es Ihnen.

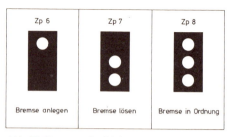

Abb. 70 Bremsprobe-Lichtsignale Zp 6, Zp 7 und Zp 8. Wo die Lichtsignale nicht vorhanden sind, gibt der Bremsbeamte die Signale mit Handzeichen und Armbewegungen

Die Bremsprobe

Die *Bremsprobe* hat den Zweck, das einwandfreie Arbeiten der Druckluftbremsen jedes Zuges festzustellen. Sie ist somit eine wichtige Voraussetzung für die Betriebssicherheit. Bremsproben dürfen nur von geprüften *Bremsbeamten* ausgeführt werden. Die Deutsche Bundesbahn fordert für die Betriebssicherheit zwei Bremsprobearten:

Die *volle Bremsprobe* ist durchzuführen, wenn ein Zug neu gebildet, die *Bremsstellung* des Zuges gewechselt und ein Zug länger als drei Stunden abgestellt war – bei Frost von minus 12° oder kälter allerdings schon nach einer Stunde. Die *vereinfachte Bremsprobe* ist durchzuführen, wenn Züge getrennt oder ergänzt werden, ein Lokwechsel stattgefunden hat, bei Triebwagen oder Wendezügen der Führerstand gewechselt wurde und beim Rangieren die Druckluftbremse benutzt werden muß.

Werden am Schluß des Zuges Wagen abgehängt, Bremsen ausgeschaltet oder *Lastwechsel* umgestellt, entfällt die Bremsprobe.

Abb. 71 Bremsprobe-Lichtsignale. Links Zp 6 – „Bremse anlegen" – und rechts Zp 8 – „Bremse in Ordnung"

Wie geht die volle Bremsprobe nun vor sich? Nachdem der Zug gebildet worden ist, wird er mit dem Triebfahrzeug gekuppelt. Beim Kuppeln werden zuerst die Schraubenkupplungen eingehängt, dann die *Bremskupplungen*, Heizschläuche und elektrischen Kupplungen verbunden und die Luftabsperrhähne geöffnet. Anschließend füllt der Triebfahrzeugführer mit Hilfe des *Führerbremsventils* die Hilfsluftbehälter der Wagen mit Luft. Dabei fließt die Luft aus dem *Hauptluftbehälter* des Triebfahrzeugs in die *Hauptluftleitung* des Zuges und in die *Hilfsluftbehälter* der Wagen. Ist das geschehen, muß in der Hauptluftleitung ein Druck von 5 kg/cm² vorhanden sein und gehalten werden. Die volle Bremsprobe beginnt mit dem ersten Gang entlang des Zuges. Dabei achtet der Bremsbeamte darauf, daß alle Bremskupplungen richtig und dicht verbunden, die Luftabsperrhähne geöffnet und alle Bremsen eingeschaltet sind. Ferner prüft er, ob alle Bremsen gelöst, die *Bremsartwechsel* – G = Güterzug, P = Personenzug, R = Rapid = Schnellbremse – richtig eingestellt (Bremsstellung) und bei Güterzügen die Einstellung der Lastwechsel – leer oder beladen – dem Beladezustand der Fahrzeuge entspricht.

Am Zugschluß angekommen, gibt der *Bremsbeamte* dem Triebfahrzeugführer das Signal Zp 6 – „Bremse anlegen." Daraufhin prüft der Triebfahrzeugführer eine Minute lang die Dichtheit der Bremsen. Nach dieser Minute verringert er dann den Druck in der Hauptluftleitung um etwa 0,5 kg/cm². Diese Tätigkeit bewirkt, daß die Luft aus den Hilfsluftbehältern der Wagen in die *Bremsleitungen* strömt und die Bremsen anlegen.

Es folgt der zweite Gang des Bremsbeamten zurück zur Spitze des Zuges, wobei er feststellt, ob alle Bremsklötze fest anliegen. Hat eine Bremse nicht angelegt, schaltet er die Bremse aus und entlüftet den Hilfsluftbehälter des betreffenden Wagens. Güterwagen mit ausgeschalteten Bremsen werden gekennzeichnet, Reisezugwagen werden ausgesetzt oder gekennzeichnet.

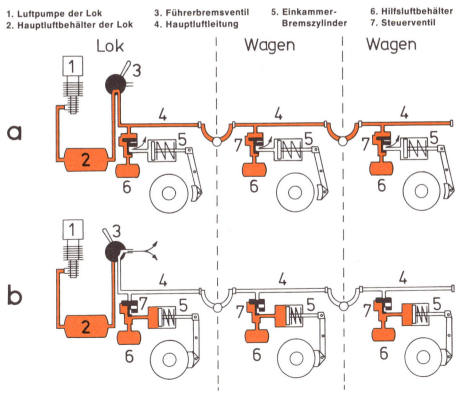

Abb. 72 Schematische Darstellung der selbsttätigen Druckluftbremse

1. Luftpumpe der Lok
2. Hauptluftbehälter der Lok
3. Führerbremsventil
4. Hauptluftleitung
5. Einkammer-Bremszylinder
6. Hilfsluftbehälter
7. Steuerventil

Nach diesem zweiten Gang gibt der Bremsbeamte dem Triebfahrzeugführer das Signal Zp 7 – ‚Bremse lösen'. Der Triebfahrzeugführer füllt die Hauptluftleitung auf 5 kg/cm² auf, die Bremsen lösen sich.

Beim anschließenden dritten Gang prüft der Bremsbeamte, ob sich die Bremsklötze vom Rad gelöst haben. Sind Bremsen festgeblieben, sind sie durch kurzes Ziehen an der Löseeinrichtung zu lösen. Die Bremsprobe muß dann für den betreffenden Wagen wiederholt werden. Bleiben allerdings Bremsen auch nach dem zweiten Löseversuch fest, sind sie auszuschalten, zu entlüften und zu kennzeichnen (Abb. 70, 71).

Nach Beendigung des dritten Kontrollganges bekommt der Triebfahrzeugführer das Signal Zp 8 – ‚Bremse in Ordnung'. Außerdem meldet der Bremsbeamte dem Zugführer, daß die Bremsen in Ordnung sind und eventuell ausgeschaltete Bremsen. Bei der vereinfachten Bremsprobe wird das richtige Bremsen und Lösen am letzten druckluftgebremsten Wagen oder – wie in unserem Fall – an neu eingestellten Wagen geprüft."

„Das alles wird vor jeder Zugfahrt gemacht?" rufen die beiden Damen erstaunt.

„So ganz habe ich die Wirkungsweise der Druckluftbremse noch nicht begriffen. Die Bremse legt an, wenn man Luft wegnimmt und löst sich, wenn man den Druck wieder erhöht?" will Miermann wissen.

„Ja, sehen Sie, sicher fahren heißt sicher bremsen. Stellen Sie sich vor, der Hauptluftbehälter der Lok wäre durch die Hauptluftleitung direkt mit den Bremszylindern der Wagen verbunden. Dann würde gebremst, indem Druckluft in die Bremszylinder einströmt und die Kolben bewegt; dadurch würden die Bremsklötze an die Räder gedrückt. Gelöst würden die Bremsen, indem die Druckluft aus den Bremszylindern entweicht, so daß die Federn die Bremsklötze von den Rädern abheben, nicht wahr?"

„Ja, das leuchtet ein! Warum wird es dann bei der Bahn nicht so gemacht?"

„Stellen Sie sich nun vor, Ihr Zug mit dieser direkten Druckluftbremse fährt bergab, der Triebfahrzeugführer hat mit dem Bremsen begonnen, und plötzlich wird die Hauptluftleitung undicht – es kann z. B. der Luftschlauch platzen. Überlegen Sie, was geschehen würde."

„Tja, in der Hauptluftleitung würde der Druck sinken, aus den Bremszylindern entweicht die Druckluft, die Federn entspannen sich und die Bremsklötze heben von den Rädern ab."

„Richtig. Möchten Sie in diesem Zug sitzen?"

„Wenn ich's mir recht überlege – nein!"

„Die direkte Bremse ist also nicht sicher genug. Die Bundesbahn braucht eine Bremse, die auch dann wirkt, wenn der Druck in der Hauptluftleitung sinkt. Darum werden zwischen *Hauptluftleitung* und *Bremszylinder* der *Hilfsluftbehälter* und das *Steuerventil* des Wagens geschaltet. Durch die Hauptluftleitung wird der Hilfsluftbehälter mit Druckluft gefüllt, bis ein Druck von 5 kg/cm² herrscht. Beim Bremsen läßt der Triebfahrzeugführer mit Hilfe des *Führerbremsventils* Luft aus der Hauptluftleitung entweichen. Dadurch sinkt der Druck, das Steuerventil steuert um und stellt eine Verbindung her zwischen dem Hilfsluftbehälter und dem Bremszylinder. Die Druckluft des Hilfsluftbehälters strömt in die Bremszylinder, bewegt die Kolben, und die Bremsklötze legen an. Beim Lösen der Bremsen geht's umgekehrt: Der Triebfahrzeugführer erhöht den Druck in der Hauptluftleitung auf 5 kg/cm², das Steuerventil steuert wieder um, und die Luft aus dem Bremszylinder entweicht. Dadurch drückt die Feder den Kolben zurück, und die Bremsklötze heben von den Rädern ab. Durch das Umsteuern des Ventils wird gleichzeitig der Hilfsluftbehälter wieder gefüllt (Abb. 72)."

„Was geschieht denn beim Ziehen der Notbremse?" fragt die ältere Dame.

„Wenn Sie an der Notbremse ziehen, öffnen Sie durch einen Hebelzug schlagartig das *Notbremsventil* an der Hauptluftleitung. Ebenso schlagartig sinkt der Luftdruck, die Steuerventile steuern augenblicklich um, und die Luft aus den Hilfsluftbehältern drückt mit voller Kraft gegen die Kolben in den Bremszylindern."

„Nehmen wir an, ein Zug reißt auf der freien Strecke auseinander", überlegt der junge Mann, „dann müssen doch auch die Bremsschläuche reißen. Werden dann die beiden Zugteile nicht auch sofort gebremst – wie bei der Notbremsung?"

„Ja, Sie haben ganz recht. Bei einer *Zugtrennung,* wie wir sie nennen, sinkt der Luftdruck ja auch schlagartig. Die Wirkung ist die gleiche wie beim Ziehen der Notbremse."

Inzwischen ist es 11.10 Uhr geworden. Über Lautsprecher werden die Fahrgäste des D 317 gebeten, einzusteigen und die Türen zu schließen. Anschließend folgt die Durchsage: „Achtung Zugführer 317. Abstand 411!"

„Was bedeutet die Durchsage des Lautsprechers, die wir eben hörten?" fragt die junge Dame.

„Bei Abfahrtsverzögerungen gibt der Fahrdienstleiter dem Zugführer für dessen Fahrtbericht den Grund der verspäteten Abfahrt bekannt. Wir gebrauchen dazu drei Begriffe – Abstand, Kreuzung und Anschluß.

Abstand 411 z. B. bedeutet, daß der Zug 411 vor uns abgelassen wurde und unser Zug warten muß, bis der folgende Blockabschnitt wieder frei ist.

Kreuzung 218 z. B. sagt dem Zugführer unseres Zuges, daß der einlaufende Zug 218 die Fahrstraße des Zuges 317 kreuzt. Zug 317 muß also warten, bis Zug 218 die Fahrstraße freigemacht hat.

Anschluß 320 z. B. bedeutet, daß sich die Ankunft des Zuges 320 verzögert hat und Zug 317 auf den verspäteten Anschlußzug warten muß."

„Müssen eigentlich alle Züge bei Verspätungen warten?"

„Bei Verspätungen bestimmt die ‚Wartezeitvorschrift für den Personenverkehr (WzV)', ob und wie lange Züge, Omnibusse und Schiffe der Deutschen Bundesbahn aufeinander zu warten haben. Die *Wartezeitvorschrift* soll den Reisenden bei Verspätungen die Anschlüsse in vertretbarem Umfang garantieren, gleichzeitig aber verhindern, daß sich Verspätungen unangemessen auf Anschlußzüge übertragen.

Es würde zu weit führen, die Wartezeitvorschrift erschöpfend zu erklären. Darum soll die Aussage genügen, daß in der Regel hochrangige Züge auf niederrangige 5 Minuten und gleichrangige aufeinander sowie niederrangige auf höherrangige Züge 10 Minuten warten.

S-Bahnen oder andere Züge im Taktverkehr bis zu 30 Minuten warten nicht auf verspätete Züge. Ebenfalls nicht gewartet wird, wenn annähernd gleich gute Verbindungen innerhalb 30 Minuten vorhanden sind oder aus zwingenden betrieblichen Gründen.

Die Wartezeit beginnt mit der planmäßigen Abfahrt des ‚Abbringers' – das ist der Anschlußzug, der Reisende aus anderen Zügen aufnimmt.

Anschlußzüge, die Reisende für andere Züge anbringen, nennt die Wartezeitvorschrift ‚Zubringer'."

Inzwischen ist der Schnellzug um 11.11 Uhr mit 9 Minuten Verspätung aus Linksdorf abgefahren. Wenige Kilometer hinter dem Weichenbereich braust der Zug am Schrankenposten 10 vorbei. Die ältere Dame sieht die wartenden Autos hinter der geschlossenen Schranke:

„Ich frage mich, ob der Schrankenwärter eigentlich jedesmal weiß, wann er die Schranken schließen muß."

„Bahnübergänge verdienen eine besondere Behandlung", sagt der Eisenbahner. „Ich will Ihnen erklären, wie es betrieblich dort zugeht.

Bahnübergänge

Bahnübergänge sind höhengleiche Kreuzungen von Eisenbahnen mit Straßen, Wegen und Plätzen. Auf Bahnübergängen hat der Eisenbahnverkehr Vorrang vor dem Straßenverkehr. Dieser Vorrang wird durch Andreaskreuze gekennzeichnet; sie stehen allerdings nicht immer vor Feld- und Waldwegen sowie Fuß- und Privatwegen.

Es gibt Bahnübergänge mit und ohne technische Sicherung. Technisch gesichert sind alle Bahnübergänge der *Hauptbahnen* – ausgenommen Fuß- und Radwege – sowie alle Bahnübergänge mit starkem Verkehr, das heißt bei mehr als 2500 Kraftfahrzeugen in 24 Stunden. *Nebenbahnen* und Nebengleise von Hauptbahnen haben in der Regel keine technisch gesicherten Bahnübergänge. Hier sorgen ständige *Langsamfahrstellen,* Läute- und Pfeiftafeln sowie Drehkreuze oder abgeschlossene Tore – teilweise miteinander kombiniert – für die erforderliche Sicherheit. Gefährlich werden kann es da, wo jeder Beteiligte einen technisch gesicherten Bahnübergang erwartet, dessen Sicherung jedoch aus irgendeinem Grund ausgefallen ist.

Blinklichtanlagen und *Lichtzeichen* mit und ohne *Halbschranken,* zwei Arten der technischen Sicherung, werden in der Rgel vom Zug ein- und ausgeschaltet und vom Triebfahrzeugführer oder Fahrdienstleiter überwacht (Abb. 73, 74). Jede Störung wird angezeigt und menschliches Versagen durch die Technik ausgeschaltet. Anders bei der dritten technischen Sicherungsart, dem Schrankenposten.

Schrankenanlagen werden unterteilt in *nahbediente* Schranken, *fernbediente* Schranken und *Anrufschranken*.

Nahbediente Schranken werden vom Wärter unmittelbar oder mittelbar – durch Fernsehüberwachung – eingesehen. Dadurch oder durch Lichtzeichen – das ist eine Ampelanlage, die ‚gelb' und ‚rot' zeigt – kann der Wärter das Schließen der Schranken auf den Straßenverkehr abstimmen. Im geschlossenen Zustand können die Schrankenbäume nicht aufgeworfen werden.

Fernbediente Schranken sind in der Regel nur an Bahnübergängen mit schwachem bis

Abb. 73 Bahnübergang mit Blinklichtanlage und Halbschranken

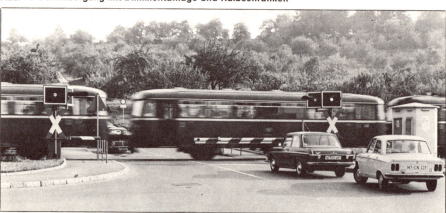

Abb. 74 Bahnübergang mit Schranken und Lichtzeichen. Nähert sich ein Zug, erscheint erst „Gelb", dann „Rot", und einige Sekunden später senkt sich die Schranke

mäßigem Verkehr zugelassen. Sie sind mit einem Läutewerk ausgestattet. Da der Wärter den Übergang nicht immer beobachten kann, müssen dem Schließen der Schranken Läutezeichen vorausgehen. Außerdem müssen die Schrankenbäume mit Muskelkraft aufwerfbar sein, um einem möglicherweise Eingeschlossenen die Möglichkeit zu geben, den Bahnübergang zu verlassen. Halbschranken, die nur jeweils die rechte Fahrspur schließen, sind sicherer, da dem Straßenverkehrsteilnehmer der Weg nach vorn und von den Schienen herunter nie versperrt wird. Fernbediente und nahbediente Schranken sind in der Grundstellung geöffnet. Anrufschranken dagegen sind geschlossen und mit einer Wechselsprechanlage zum Wärter ausgerüstet. Sie sichern in der Regel Bahnübergänge ohne öffentlichen Verkehr. Der Wärter öffnet die Schranke für einen Wegbenutzer, nachdem er sich bei den beiden benachbarten Zugmeldestellen vergewissert hat, daß dies ohne Gefahr möglich ist. Anrufschranken dürfen nicht aufwerfbar sein. Zwischen dem Bahnhof Linksdorf und der Abzweigstelle Mitte befinden sich die *Schrankenposten* 10 in km 10,252 und 22 in km 22,478. Beide Schrankenanlagen sind nahbedient. Zwischen den Bahnhöfen X-Stadt und Linksdorf liegt ein Bahnübergang mit Blinklichtanlage, die vom Fahrdienstleiter in X-Stadt überwacht wird.

In dem folgenden Beispiel, mit dem ich Ihnen die betrieblichen Maßnahmen erklären möchte, fährt ein D-Zug von Y-Bach über Linksdorf nach X-Stadt. Der Fahrdienstleiter in Y-Bach gibt den Zugmelderuf ab. Die Zugmeldestelle Abzweigstelle Mitte meldet sich. Beide tragen die *Zugmeldung* ins *Zugmeldebuch* ein.

Fünf Minuten vor Durchfahrt des Zuges gibt die Abzweigstelle Mitte den Zugmelderuf nach Linksdorf ab. Auf den Ruf melden sich zuerst die *Zugmeldestelle* und dann die

Schrankenwärter in der Reihenfolge der Postennummern, mit der niedrigsten Nummer beginnend. *Blockstellen* melden sich nur, wenn sie gleichzeitig auch Schrankenposten sind. In unserem Falle hört der Blockwärter in Block Erle die Zugmeldung also nur mit, während sein Kollege auf Block Weiler mit Schrankenbedienung sich als Posten 22 einstellt. Nachdem sich der Fahrdienstleiter in Linksdorf und die Posten 10 und 22 gemeldet haben, gibt die Abzweigstelle Mitte die Zugmeldung ab. Die Meldung wird von Linksdorf wiederholt, während die Schrankenwärter sich zum Schließen der Schranken bereitmachen. Da sie die Wiederholung der Meldung nicht mithören, darf Linksdorf ohne erneuten Zugmelderuf keine Gegenzugmeldung abgeben.

Die Schrankenwärter tragen die *Zugmeldung* in das Formular ‚Aufschreibungen über den Zugverkehr' ein und streichen jeden Zug, der vorbeigefahren ist, wieder aus. Erst nachdem sich Posten 10 und 22 gemeldet haben und Linksdorf die Zugmeldung wiederholt hat, stellt der Fahrdienstleiter der Abzweigstelle Mitte sein Signal R auf Hp 2 – ‚Langsamfahrt'.

Jeder Schrankenwärter besitzt einen *Fahrplan für Schrankenposten,* der ihm die Entfernung zu den beiden benachbarten Zugmeldestellen sowie die Fahrzeit der einzelnen Züge von den Zugmeldestellen bis zu seinem Übergang mitteilt. Nach diesen Angaben richtet sich der Wärter beim Schließen der Schranken.

Die Beobachtung des vorbeifahrenden Zuges ist eine weitere wichtige Aufgabe jeder Betriebsstelle, also auch des Schrankenwärters. Er achtet auf festsitzende Bremsen, heißgelaufene Achsen, offene Türen und auf das Schlußsignal des Zuges.

Nun kann die Entfernung zwischen zwei Zugmeldestellen so groß sein, daß der dazwischenliegende Schrankenwärter mehrere Zugmeldungen aus beiden Richtungen bekommen hat, bevor der erste Zug an seinem Bahnübergang vorbeifährt. Dieser Mann wäre möglicherweise ohne technische Hilfsmittel überlastet, müßte er doch mehrere Zugmeldungen aus beiden Richtungen speichern und für jeden Zug erst nach längerer Zeit rechtzeitig – das heißt nicht zu spät, aber auch nicht zu früh – die Schranken schließen. Posten an Strecken mit großer Zugzahl sind darum mit einem *Anrückmelder* ausgestattet. Dieser Melder wird vom Zug ausgelöst, gibt dem Schrankenwärter ein akustisches Signal und ertönt so früh, daß der Wärter – sollte er diesen Zug vergessen haben – die Schranken noch rechtzeitig schließen kann. Eine weitere Einrichtung warnt ihn beim Öffnen der Schranken, wenn sich ein Gegenzug nähert, den er vergessen hat. Trotz dieser technischen Hilfsmittel trägt der Schrankenwärter eine sehr große Verantwortung.

Was geschieht nun, wenn sich nach dem Zugmelderuf ein Posten – sagen wir in unserem Beispiel der Posten 10 – nicht meldet? Zunächst versucht der Fahrdienstleiter der Abzweigstelle Mitte, den Posten durch Einzelruf zu erreichen. Angenommen, der Schrankenwärter meldet sich jedoch auch dann noch nicht.

Welche Gründe können vorhanden sein? Nun, der Fernsprecher kann gestört sein, der Wärter ist möglicherweise nicht dienstfähig oder es ist ihm etwas zugestoßen.

Der Fahrdienstleiter der Abzweigstelle Mitte läßt den Zug vor seinem Signal R halten und gibt ihm den schriftlichen *Befehl Ad* mit dem Wortlaut: ‚Zug Nr. . . . hält vor BÜ in km 10,252. Weiterfahren, wenn Schranken geschlossen, oder BÜ sichern, bis das erste Fahrzeug etwa die Straßenmitte erreicht hat'. Der Zugführer bescheinigt den Empfang des Befehls, der Fahrdienstleiter stellt das Signal auf ‚Fahrt', und der Zug fährt weiter.

Wie mit Befehl Ad angeordnet, hält der Zug vor dem Bahnübergang an. Die Schranken sind geöffnet. Bevor das Zugbegleitpersonal den Bahnübergang sichert, sieht der Zugführer nach dem Befinden des Schrankenwärters und meldet besondere Vorkommnisse dem Fahrdienstleiter der Abzweigstelle Mitte.

Danach fährt der Zug weiter nach Linksdorf, während der Fahrdienstleiter das Nötige veranlaßt. Bei Störungen an der Schrankenanlage oder am Fernsprecher benachrichtigt er die Bahnmeisterei bzw. die Nachrichtenmeisterei. Außerdem stellt er zur Unterstützung des Schrankenwärters – wenn diesem der Dienst möglich ist – einen *Bahnübergangsposten* ab, bis die Störung an den Schranken behoben ist.

Im Falle einer Dienstunfähigkeit des Schrankenwärters ruft der Fahrdienstleiter unter Umständen einen Krankenwagen oder Arzt und veranlaßt die Ablösung. Die folgenden Züge erhalten nun bereits in den Bahnhöfen vor dem Posten 10 einen schriftlichen Befehl, und zwar bei fehlender Sicherung des Bahnübergangs den Befehl Ad mit der Weisung, vor dem Bü zu halten und ihn zu sichern, oder bei nicht ausreichender Sicherung den Vorsichtsbefehl Grund Nr. 6 ‚Bahnübergang nicht ausreichend gesichert' – mit der Auflage, den Bü mit höchstens 20 km/h zu befahren, bis die Sicherung wieder voll vorhanden ist. Durch diese Maßnahme entfällt der zusätzliche Aufenthalt am Signal der Abzweigstelle.

Taucht bei der weiteren Fahrt in unserem Beispiel eine Störung der Blinklichtanlage zwischen Linksdorf und X-Stadt auf, erhält der Zug vom Fahrdienstleiter in Linksdorf den Befehl Ad mit dem Wortlaut: ‚Zug Nr. . . . hält vor Bahnübergang in km . . . Weiterfahren, wenn Bahnübergangssicherung mit Hilfseinschalttaste (HET) eingeschaltet ist, oder Bahnübergang sichern, bis das erste Fahrzeug etwa die Straßenmitte erreicht hat'. Bis die Störung durch die Nachrichtenmeisterei behoben ist, muß der Übergang durch einen oder – falls angeordnet – durch zwei Posten gesichert werden."

„Was geschieht denn", wendet Herr Miermann ein, „wenn dem Schrankenwärter auf dem Weg vom Zugmeldetelefon zur Schrankenwinde etwas passiert? Das weiß doch der Fahrdienstleiter dann nicht. Wenn sich der Posten gemeldet hat, kann der Fahrdienstleiter doch davon ausgehen, daß die Schranken geschlossen werden."

„Sicherlich gibt es unkalkulierbare Risiken, wenn der Mensch alleinverantwortlich mit nicht ausreichender Technik arbeiten muß. Allerdings werden mehr und mehr Übergänge durch Brückenbauwerke ersetzt. Stark frequentierte Bahnübergänge werden darüberhinaus gesichert, indem sie signalabhängig gemacht werden. Das heißt, die Signale vor den Bahnübergängen gehen erst dann in Fahrtstellung, wenn die Schranken geschlossen sind."

„Eben fielen die Begriffe ‚Hauptbahn' und ‚Nebenbahn'. Was sind denn die Unterschiede?"

„*Hauptbahnen* verbinden Wirtschaftszentren und erfüllen Nahverkehrsaufgaben in Ballungsräumen. *Nebenbahnen* dagegen erfüllen Aufgaben im Flächenverkehr. Betrieblich werden Haupt- und Nebenbahnen folgendermaßen unterschieden:

die Höchstgeschwindigkeit beträgt zur Zeit bei der Hauptbahn auf einigen Strecken 200 km/h, sonst 160 km/h, bei der Nebenbahn nur 80 km/h,

die *Bremswegabstände* bei der Hauptbahn betragen 1 300, 1 000 oder – selten – 700 Meter, bei der Nebenbahn 700 oder 400 Meter,

der *Streckenblock* und die *induktive Zugsicherung* müssen auf der Hauptbahn vorhanden sein, bei der Nebenbahn besteht diese Forderung nicht und

Einfahr- sowie Ausfahrsignale müssen bei der Hauptbahn vorhanden sein, während sie bei der Nebenbahn erst ab einer bestimmten Streckengeschwindigkeit aufgestellt sein müssen."

„Sie sprachen eben von den Fahrplänen für Schrankenposten. Hat denn jede einzelne Betriebsstelle andere Fahrpläne?" fragt die junge Dame.

„Für die sichere, pünktliche und wirtschaftliche Durchführung der Zugfahrten werden Fahrpläne benötigt.

Die Fahrpläne

Auf Kursbücher, Abfahrt- und Ankunftstafeln, die der Öffentlichkeit zur Information dienen, will ich an dieser Stelle nicht näher eingehen, da deren Gestaltung und Funktion mit dem Betriebsdienst der Deutschen Bundesbahn nur bedingt zu tun haben. Ansprechen will ich die Dienstfahrpläne, die den Zuglauf regeln und den Betriebsbeamten die Verkehrszeit der Züge – das sind Ankunft, Abfahrt und Durchfahrt – mitteilen. Dienstfahrpläne sind Bildfahrpläne, Buchfahrpläne, Sonderzugfahrpläne, die bei Bedarf aufgestellt werden, Streckenfahrpläne und Fahrpläne für Schrankenposten.

Im *Bildfahrplan* werden alle Züge für einen bestimmten Streckenabschnitt durch Linien in einem Zeit-Weg-Diagramm dargestellt (Abb. 75). Senkrecht sind die Zeiten und waagerecht die Betriebsstellen – Bahnhöfe, Abzweigstellen, Blockstellen usw. – aufgetragen. Im Kopf des Bildfahrplans werden die Gleisbilder der Bahnhöfe, die Neigungsverhältnisse und die Krümmungen

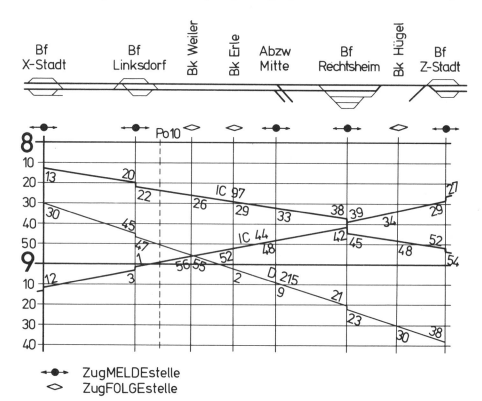

Abb. 75 Bildfahrplan. Oben die schematische Darstellung der Strecke und der Bahnhöfe. Links von oben nach unten die Uhrzeit. Die schräg verlaufenden Linien stellen die Züge dar (IC 97, IC 44 und D 215 von oben nach unten). Die Zahlen an den Zuglinien sind die Ankunft- und Abfahrtzeiten bzw. die Durchfahrtzeiten der Bahnhöfe und Betriebsstellen. In unserem Beispiel kreuzen die Züge IC 97 und IC 44 im Bf Rechtsheim, während sich ca. 15 Minuten später der IC 44 und der D 215 nahe Block Weiler begegnen

D 715 (14,1) 1. 2. Klasse
Norddeich Mole–Rheine (–Münster (Westf)–Dortmund–Hagen–Gießen–Frankfurt–Stuttgart–München)

Tfz 220   Last 300 t   Mbr 141

				\multicolumn{2}{c}{715}		
1	2	3a	3b	4	5	4	5
Zulässige Geschwindigkeiten		Betriebsstellen					
ab km	km/h	verkürzter Vorsignalabstand, Geschwindigkeiten auf Signal Hp 2 in km/h, Zugbahnfunk (Kanalnummern)	Lage in km	Ankunft	Abfahrt	Ankunft	Abfahrt
	40	Norddeich Mole ⌒		36,6		9.20		
35,8		**Norddeich** A	A 50	36,2	9.23	28		
	50	⌒						
35,7	80	Norden Stadt Hpu		31,8				
31,3	60	⌒						
		Norden	E 50 A 60	30,4	34	36		
29,9		Osteel	E 60 A 60	25,3		40		
		Marienhafe	E 60 A 60	22,2		42		
	90	**Abelitz**	E 60 A 60	14,8		47		
		Loppersum	E 60 A 60	9,6		51↑		
		Emden-Harsw	E 60 A 60	5,7		53		
2,2		**Emden Hbf** 24 P	A 60	2,2	9.57	10.01		

Abb. 76 Ausschnitt aus dem Buchfahrplan

der Strecke schematisch aufgezeigt. Der Bildfahrplan bildet die Entwurfsgrundlage für den Gesamtfahrplan, er erleichtert das Einfügen von Sonderzügen und die Ermittlung von Zugpausen für Bauarbeiten.

Der *Buchfahrplan* ist die Unterlage für das Zugpersonal, also Triebfahrzeugführer und Zugführer (Abb. 76). Er enthält neben dem Fahrplan weitere Angaben über ständige Langsamfahrstellen, Wagenklasse, Baureihennummer der Triebfahrzeuge, signaltechnische Besonderheiten der Strecke, zulässige Geschwindigkeiten usw.

Streckenwärter, Blockstellen und Sicherungsposten benutzen den *Streckenfahrplan*, der nach dem Bildfahrplan aufgestellt wird. Er enthält die Ankunft- und Abfahrtzeiten der benachbarten Zugmeldestellen, Durchfahrzeiten der Blockstellen, Zugnummern und eine Aufstellung der Tage, an denen die einzelnen Züge verkehren.

Der *Fahrplan für Schrankenposten* unterrichtet die Schrankenwärter über die planmäßige Zugfolge, Geschwindigkeiten, die Mindestfahrzeiten der Züge und die Entfernungen von den benachbarten Zugmeldestellen bis zum Schrankenposten. Die *Bahnhofsfahrordnung* gibt dem Fahrdienstleiter Auskunft über die Benutzung der Bahnhofsgleise zur Ein-, Aus- und Durchfahrt der Züge. Die Bahnhofsfahrordnung erscheint in Buchform oder in bildlicher Ausführung. Die bildliche Ausführung heißt *Gleisbelegungsplan*.

Die *Fahrplananordnung* gibt Sonderzüge schriftlich bekannt. Sie beinhaltet den von Fall zu Fall aufgestellten *Sonderzugfahrplan* für Züge, die weder im Bildfahrplan noch im Buchfahrplan enthalten sind. Die Fahrplananordnungen erhalten alle beteiligten Stellen vom Fahrplanbüro der betreffenden Bundesbahndirektion".

Nach einer Fahrt von ungefähr 20 Minuten bremst der Zug ab und fährt mit verminderter Geschwindigkeit auf die Abzweigstelle zu. Obwohl der Fahrtwind empfindlich kalt ist, schaut Herr Miermann zum Fenster auf das Nachbargleis hinaus. Als der Zug über die Weiche nach rechts in Richtung Y-Bach fährt, kann Herr Miermann einen Moment lang das gesperrte Gleis in Richtung Rechtsheim mit den Augen verfolgen. Er schließt das Abteilfenster, und während er sich setzt, verkündet er seinen Mitreisenden stolz, er habe das Signal Sh 2 – die Wärterhaltscheibe – gesehen.

„Zugmeldung"

„Nun habe ich Ihnen eigentlich alle wichtigen Begriffe des Betriebsdienstes erklärt. Bevor ich Ihnen aber etwas von Betriebsstörungen erzähle, erläutere ich Ihnen den Regelbetrieb auf der zweigleisigen und der eingleisigen Strecke, damit Sie wissen, wie es normalerweise Tag für Tag abläuft. Sind Sie einverstanden?"

Der Bundesbahnbeamte blickt fragend in die Runde. Seine Zuhörer nicken.

„Gut! Unser Zug D 317 fährt von X-Stadt nach Z-Stadt über Linksdorf und Rechtsheim. Wir wollen uns in die Zugfahrt einschalten, als der D-Zug planmäßig in Linksdorf angekommen ist.

Der Regelbetrieb auf zweigleisigen Strecken

Es ist 10.57 Uhr. Die planmäßige Abfahrt des D 317 ist 11.02 Uhr. Der Fahrdienstleiter auf Stellwerk Lf gibt den *Zugmelderuf* ab. Es meldet sich die nächste Zugmeldestelle, Abzweigstelle Mitte:

‚Hier Abzweigstelle Mitte, Fahrdienstleiter (Name).'

Anschließend stellen sich die Schrankenposten in der Reihenfolge ihrer Numerierung ein:

‚Posten 10 (Name).'

‚Posten 22 (Name).'

Der Blockwärter von Block Erle hört mit, meldet sich aber nicht. Wenn sich alle Schrankenwärter gemeldet haben, stellt sich der Fahrdienstleiter in Linksdorf wieder ein:

‚Hier Bahnhof Linksdorf, Fahrdienstleiter (Name). Zugmeldung! Zug 317 voraussichtlich ab 2.'

Der Fahrdienstleiter der Abzweigstelle Mitte wiederholt diese Zugmeldung und Linksdorf bestätigt die Richtigkeit. Beide tragen die Zugmeldung in das *Zugmeldebuch* ein.

Posten 10 weiß aufgrund seines *Fahrplans für Schrankenposten*, daß der Zug 3 Minuten bis zu seinem Bahnübergang braucht. Bis zum Posten 22 – Block Weiler – beträgt die Fahrzeit weitere 8 Minuten. Beide Schrankenwärter tragen die Zugmeldung in die ‚*Aufschreibungen über den Zugverkehr*' ein und schließen rechtzeitig die Schranken. Nach Vorbeifahrt des Zuges – der Zug muß beobachtet und der *Zugschluß* erkannt werden – streichen sie die Zugnummer durch. Soweit die Schrankenposten. Wie geht es auf dem Stellwerk weiter?

Nach abgegebener Zugmeldung blockt der Fahrdienstleiter Lf das *Befehlsabgabefeld*. Sein Weichenwärter auf Stellwerk Lw prüft den Fahrweg, stellt die Weichen und *Flankenschutzeinrichtungen* für die Ausfahrt nach Rechtsheim, sichert die *Fahrstraße* und stellt das Signal N3 auf ‚Fahrt' (Abb. 77).

Um 11.02 Uhr gibt der Aufsichtsbeamte auf Bahnsteig 2 dem Zug den *Abfahrauftrag*. Der Zug verläßt den Bahnhof und fährt in den *Blockabschnitt* ein. Das Signal N3 fällt hinter ihm automatisch auf ‚Halt'. Der Weichenwärter auf Stellwerk Lw legt den Signalhebel zurück, blockt zur nächsten Zugfolgestelle Block Weiler das *Anfangsfeld* – man nennt es *vorblocken* – und verschließt damit sämtliche Ausfahrsignale in Richtung Rechtsheim.

Dem Blockwärter in Block Weiler ist durch das Vorblocken das Herannahen des Zuges mitgeteilt worden. Er stellt sein Blocksignal A rechtzeitig auf ‚Fahrt' – vorher Schranken schließen – und schaltet damit die *elektri-*

61

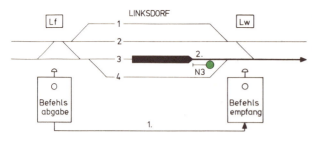

Abb. 77
1. Der Fahrdienstleiter blockt die Befehlsabgabe
2. Der Weichenwärter stellt Signal N3 auf „Fahrt"

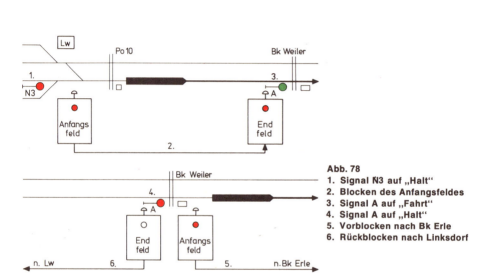

Abb. 78
1. Signal N3 auf „Halt"
2. Blocken des Anfangsfeldes
3. Signal A auf „Fahrt"
4. Signal A auf „Halt"
5. Vorblocken nach Bk Erle
6. Rückblocken nach Linksdorf

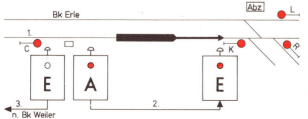

Abb. 79
1. Nach Vorbeifahrt des Zuges in Bk Erle Signal C auf „Halt"
2. Vorblocken nach Abzweigstelle Mitte
3. Rückblocken nach Bk Weiler

Abb. 80
1. D-Zug hält vor Signal K
2. IC erhält „Langsamfahrt" an Signal R
3. Signal R auf „Halt", Signal K auf „Fahrt", D-Zug fährt weiter nach Rechtsheim

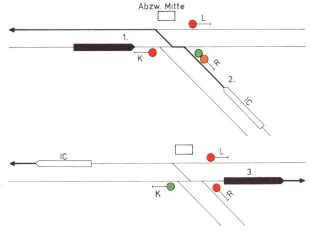

Abb. 81
1. Signal K auf „Halt"
2. Vorblocken nach Rechtsheim
3. Rückblocken nach Bk Erle

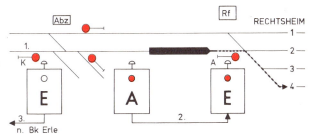

Abb. 82
1. Telefonische Anforderung der Zustimmung für die Einfahrt des Zuges in den Bereich des Fahrdienstleiters
2. Der Weichenwärter blockt die Zustimmungsabgabe
3. Der Fahrdienstleiter stellt die Fahrstraße nach Gleis 4 und das Signal A auf „Langsamfahrt"

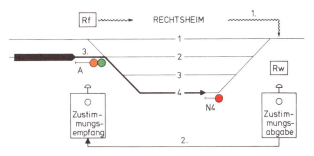

sche *Streckentastensperre* ein. Um 11.14 Uhr fährt der Zug an seiner Blockstelle vorbei, passiert das Signal A und schaltet am Ende des *Durchrutschweges* die elektrische Streckentastensperre wieder aus. Der Blockwärter beobachtet den Zugschluß, stellt Signal A auf ‚Halt', blockt vor nach Bk Erle – das Anfangsfeld –, verschließt damit sein Signal A, blockt zurück nach Linksdorf – das *Endfeld* – und gibt damit die Signale des Bahnhofs Linksdorf in Richtung Rechtsheim wieder frei (Abb. 78). Auf der Blockstelle Erle wiederholen sich die eben beschriebenen Vorgänge: Signal C auf ‚Fahrt', Zugschluß beobachten, Signal C auf ‚Halt', vorblocken nach Abzweigstelle Mitte und *rückblocken* nach Block Weiler (Abb. 79).

Inzwischen hat der Fahrdienstleiter der Abzweigstelle Mitte die Zugmeldung des verspäteten IC 98 von Y-Bach nach X-Stadt erhalten. Da der IC in der Rangfolge höher steht als der D-Zug und außerdem noch Verspätung hat, muß er vorgezogen werden. Also: Zugmeldung nach Linksdorf, Signal R auf ‚Fahrt', Signale K und L auf ‚Halt' und verschlossen. Das bedeutet, daß unser D 317 vor dem Signal K der Abzweigstelle Mitte halten muß. Während er – außerplanmäßig – 3 Minuten vor Signal K steht, kann Block Erle keinen Zug in den Blockabschnitt nachfolgen lassen. Das hat zur Folge, daß bei starker Streckenbelegung der IC seine Verspätung auf die gesamte Strecke von X-Stadt nach Z-Stadt überträgt.

Der IC 98 und der D 317 nähern sich der Abzweigstelle, die Zugmeldung für den IC nach Linksdorf ist abgegeben worden. Als nächstes meldet der Fahrdienstleiter der Abzweigstelle Mitte den D 317 nach Rechtsheim ab. Der Fahrdienstleiter auf dem Stellwerk Rf in Rechtsheim wiederholt die Zugmeldung Abzweigstelle Mitte bestätigt die Richtigkeit und beide tragen die Meldung in das Zugmeldebuch ein.

Als der IC 98 die Abzweigstelle passiert hat, stellt der Fahrdienstleiter Abzweigstelle Mitte das Signal R auf ‚Halt'. Jetzt erst ist es ihm technisch möglich, das Signal K für den D 317 auf ‚Fahrt' zu stellen. Der D 317 kann jetzt – mit 5 Minuten Verspätung – nach Rechtsheim weiterfahren (Abb. 80). Der Fahrdienstleiter Abzweigstelle Mitte legt das Signal K zurück auf ‚Halt', blockt vor nach Rechtsheim, verschließt somit die Hp 1-Stellung seines Signals K, blockt zurück nach Bk Erle und gibt damit dessen Signal C frei.

In Rechtsheim soll der D 317 laut *Bahnhofsfahrordnung* in Gleis 4 halten (Abb. 81). Der Fahrdienstleiter Rf fordert von seinem Weichenwärter auf Stellwerk Rw die Zustimmung zur Einfahrt nach Gleis 4 an. Der Weichenwärter auf Rw prüft seinen Bezirk – Gleis 4 frei von Fahrzeugen – und blockt das *Zustimmungsabgabefeld.* Damit gibt er seinem Fahrdienstleiter das Einfahrsignal A frei.

Der Fahrdienstleiter auf Rf prüft den Fahrweg, stellt die Fahrstraße nach Gleis 4 ein, sichert sie mechanisch mit dem *Fahrstraßenhebel* und blockelektrisch mit dem *Fahrstraßenfestlegefeld* und stellt das Signal auf ‚Langsamfahrt' – Hp 2 (Abb. 82). Um 12.04 Uhr fährt der D 317 – 5 Minuten verspätet – in Rechtsheim ein. Der Fahrdienstleiter Rf legt das Signal zurück auf ‚Halt', blockt zurück nach Abzweigstelle Mitte und gibt dessen Signal K für Hp 1 Richtung Rechtsheim wieder frei (Abb. 83).

Wie wir wissen, soll der D 317 weiterfahren nach Z-Stadt. Die Strecke von Rechtsheim nach Z-Stadt ist eingleisig.

Der Regelbetrieb auf eingleisigen Strecken

Auf eingleisigen Strecken werden Züge in der Regel nur abgemeldet, wenn Schrankenwärter oder Rotten (Bahnunterhaltungskräfte) verständigt werden müssen, jedoch vorher *angeboten* und *angenommen.* Angeboten wird mit den Worten:

‚Wird Zug ... angenommen?'

‚Zug ... ja!' antwortet die benachbarte Zugmeldestelle.

Ist die Annahme aus betrieblichen Gründen vorerst nicht möglich, wird der Zug abgelehnt mit den Worten:

‚Nein warten!'

Der Grund der Ablehnung wird in die Zugmeldebücher eingetragen. Ist der Hinderungsgrund, der zur Ablehnung führte, weggefallen, nimmt die benachbarte Zugmeldestelle den Zug an mit den Worten:

‚Jetzt Zug . . . ja!'

Liegen zwischen den beiden Zugmeldestellen noch Blockstellen wie in unserem Fall, ändert sich der Wortlaut des Zugmeldeverfahrens.

Ist nämlich vor dem abzumeldenden Zug ein Gegenzug gefahren, wird dessen Ankunft bestätigt: ‚Zug (Nummer des Gegenzuges) in (Name der anbietenden Stelle), wird Zug . . . angenommen?' Soll der abzumeldende Zug einem anderen Zug folgen, wird dessen Durchfahrt bei der nächsten Blockstelle bestätigt: ‚Zug (Nummer des Vorzuges) in (Name der nächsten Blockstelle), wird Zug . . . angenommen?'

Normalerweise darf ein Zug erst angeboten werden, wenn der vorausgefahrene zurückgemeldet wurde bzw. ein angenommener eingetroffen und zurückgemeldet ist.

In bestimmten Fällen darf von dieser Regelung abgewichen werden. Dazu jedoch – um Sie nicht zu verwirren – nur soviel: um die Zugfolge zu beschleunigen, dürfen Züge bis zu 2 Minuten vor Ankunft eines Gegenzuges bzw. vor Durchfahrt eines vorausgefahrenen Zuges angeboten werden mit den Worten: ‚Wird Zug 2 angenommen, wenn Zug 1 in . . .?'

Angenommen wird der Zug mit den Worten:

‚Wenn Zug 1 in . . ., darf Zug 2 kommen!'

Dieses Verfahren nennt man ‚*Bedingtes Anbieten und Annehmen*'.

Lassen wir nun unseren Zug von Rechtsheim nach Z-Stadt weiterfahren:

Der Fahrdienstleiter auf Stellwerk Rf gibt den Zugmelderuf ab. Es meldet sich die nächste Zugmeldestelle, Bahnhof Z-Stadt:

‚Hier Bahnhof Z-Stadt, Fahrdienstleiter (Name).'

Anschließend stellt sich Block Hügel ein, weil er wie Block Weiler mit einem beschrankten Bahnübergang verbunden ist. Danach gibt Rechtsheim die Zugmeldung ab. Vor dem D 317 ist der Eilzug 1524 als Gegenzug von Z-Stadt nach Rechtsheim gefahren.

‚Hier Bahnhof Rechtsheim, Fahrdienstleiter (Name). Zugmeldung! Zug 1524 in Rechtsheim, wird Zug 317 angenommen?'

‚Zug 317 ja.' antwortet Z-Stadt.

‚Zug 317 voraussichtlich ab 6!' meldet Rechtsheim.

Z-Stadt: ‚Ich wiederhole: Zug 317 voraussichtlich ab 6.'

Rechtsheim: ‚Richtig.'

Anschließend Eintragung in das Zugmeldebuch und in die Aufschreibungen über den Zugverkehr.

Z-Stadt hat den angebotenen Zug also angenommen. Der Fahrdienstleiter auf Stellwerk Zf in Z-Stadt blockt das *Erlaubnisfeld*. Er verschließt damit seine Ausfahrsignale P1 und P2 und gibt die Ausfahrsignale N2, N3 und N4 in Rechtsheim frei. Nachdem nun der Weichenwärter auf Stellwerk Rw von seinem Fahrdienstleiter den Befehl zur Ausfahrt geblockt bekommen hat, prüft er den Fahrweg und stellt das Signal N4 auf ‚Langsamfahrt'. Unser D 317 fährt nach Z-Stadt ab, Signal N4 fällt durch die *Signalflügelkupplung* auf ‚Halt', Weichenwärter Rw blockt nach Bk Hügel vor und verschließt damit die Ausfahrsignale N2, N3 und N4 (Abb. 84, 85).

Es ist jetzt sichergestellt, daß kein Zug entgegenkommen und kein Zug folgen kann.

Nach Vorbeifahrt am Block Hügel – vorblocken, rückblocken – fährt der D 317 um 12.27 Uhr in Z-Stadt ein. Er hat 3 Minuten Verspätung herausholen können" (Abb. 86).

„Wie lautet denn die Zugmeldung, wenn der D 317 auf der eingleisigen Strecke ei-

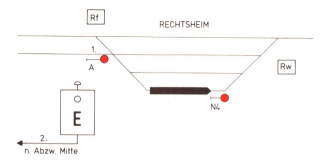

Abb. 83
1. Nach Einfahrt des Zuges Signal A auf „Halt"
2. Rückblocken nach Abzweigstelle Mitte. Der nächste Zug kann folgen

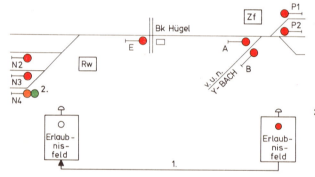

Abb. 84
1. Der Fahrdienstleiter Zf in Z-Stadt blockt das Erlaubnisfeld und verschließt damit seine Ausfahrsignale P1 und P2. Dem Zug von Rechtsheim nach Z-Stadt kann somit kein Zug entgegenkommen
2. Signal N4 in Rechtsheim kann daraufhin auf „Langsamfahrt" gestellt werden

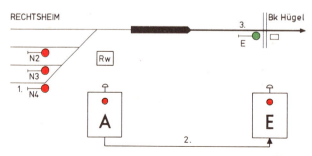

Abb. 85
1. Signal N4 nach Ausfahrt des Zuges auf „Halt"
2. Vorblocken von Rechtsheim nach Bk Hügel
3. Bk Hügel stellt sein Blocksignal E auf „Fahrt"

Abb. 86
1. Bk Hügel stellt Signal E auf „Halt"
2. Bk Hügel blockt vor nach Z-Stadt
   Z-Stadt stellt Einfahrsignal A auf „Langsamfahrt"
3. Bk Hügel blockt zurück nach Rechtsheim
4. Nach Einfahrt des Zuges in Z-Stadt Signal A auf „Halt" und rückblocken nach Bk Hügel

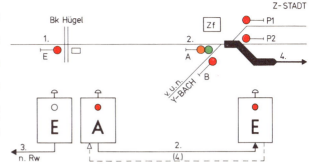

nem Zug folgen soll?" fragt der junge Mann.

„Dann lautet die Zugmeldung von Rechtsheim:

‚Hier Bahnhof Rechtsheim, Fahrdienstleiter (Name). Zugmeldung! Zug 1513 in Block Hügel, wird Zug 317 angenommen?'

‚Zug 317 ja!' antwortet Z-Stadt.

Nach Wiederholung, Bestätigung und Eintragung kann der Fahrdienstleiter Rf seinem Weichenwärter Rw befehlen, das Signal N4 nun sofort auf ‚Langsamfahrt' zu stellen, da Z-Stadt das Erlaubnisfeld ja bereits für den vorausgefahrenen Zug 1513 geblockt hat.

Bei Störungen, die an den technischen Anlagen aufgetreten sind oder durch Bauarbeiten in der Nähe der betreffenden Schienenkontakte auftreten können, wird zur Sicherheit das *Rückmelden* zwischen den Zugfolgestellen eingeführt und erst nach Beseitigung des Anlasses wieder aufgehoben, wenn auf zweigleisiger Strecke ein Zug auf dem betroffenen Gleis, auf eingleisiger Strecke je ein Zug in beiden Richtungen die Strecke zwischen den beteiligten Zugfolgestellen mit ordnungsgemäß arbeitenden Blockanlagen und Signalen durchfahren hat. Nur bei Fahrten mit Kleinwagen, die zu den Nebenfahrzeugen gehören und bei *Falschfahrten,* die ich gleich noch genauer

beschreibe, wird die Rückmeldung immer zwischen den Zugmeldestellen abgegeben. Bei *Kleinwagen* ist die Rückmeldung erforderlich, weil diese Fahrzeuge ein zu geringes Gewicht haben und darum die Schienenkontakte der *elektrischen Streckentastensperre* nicht auslösen. Und dann kann ja auch nicht geblockt werden."

„Das war interessant", äußert sich Herr Miermann. „Es ist also so, daß niemand für sich allein arbeiten und entscheiden kann, nicht wahr?"

„Ja, so ist es! Entweder der Mitarbeiter auf der benachbarten Betriebsstelle oder der Zug müssen mitwirken."

Es ist kurz nach 12 Uhr. Eigentlich müßte der Schnellzug Y-Bach bereits erreicht haben, es war jedoch nicht möglich, die neunminütige Verspätung zu verkleinern. So zeigt die Uhr in Y-Bach 12.06 Uhr, als der D 317 auf Gleis 6 hält.

Y-Bach ist ein wichtiger Knotenpunkt. Von hier laufen Strecken nach den Städten A, B, C und D. Nach B über Z-Stadt führt eine eingleisige Strecke. Nach 4 Minuten Aufenthalt fährt der Schnellzug D 317 weiter nach Z-Stadt.

„Sagen Sie", wendet sich Herr Miermann an den Eisenbahner, „soviel ich weiß, gibt es doch noch Strecken ohne Streckenblock.

Wer sorgt denn dort für die Sicherheit, wenn die technische Einrichtung fehlt?"

„Noch gibt es Strecken ohne Streckenblock, das stimmt. Bis er überall eingerichtet ist, sorgt die Fahrdienstvorschrift für eine ebenso große Sicherheit. Das klingt vielleicht etwas übertrieben, aber es ist so: wenn jeder Eisenbahner im Betriebsdienst nach dieser Vorschrift arbeitet, zum Beispiel bei eingleisigen Strecken ohne Streckenblock mit Anbieten, Annehmen, Abmelden und Rückmelden, kann auch ohne die technische Abhängigkeit nichts passieren."

„Wann werden wir jetzt in Z-Stadt sein?" fragt die junge Dame.

„In ungefähr 30 Minuten. Wenn es Ihnen recht ist, komme ich mit meiner Erzählung auf den Ausgangspunkt zurück.

Betriebsstörung – was geschieht?

Schienen können brechen, Brüche schlimmstenfalls Entgleisungen hervorrufen, Bauarbeiten können notwendig sein, Gleise müssen aus diesen Gründen gesperrt werden. Die folgenden Berichte sollen Ihnen schildern, welche Maßnahmen zum Schutz des Eisenbahnbetriebes – also auch für die Reisenden – getroffen werden.

Der Schienenbruch

Jeder entdeckte *Schienenbruch* gilt grundsätzlich als unbefahrbar, bis ein Beamter des Betriebsdienstes, der Bahnunterhaltung – also von der Bahnmeisterei – oder der Bahnbewachung, das ist die Bahnpolizei, eine andere Entscheidung trifft. Der Schienenbruch ist allerdings immer unbefahrbar, wenn er in Tunnel oder auf Brücken aufgetreten ist und beim Befahren nicht beobachtet werden kann oder wenn beim Befahren mit Schrittgeschwindigkeit – höchstens 5 km/h – eine Entgleisung zu befürchten ist.

Abb. 87 Beim Schienenbruch wird die gebrochene Schiene mit Schneidbrennern herausgeschnitten und durch ein Paßstück ersetzt. Dieses Paßstück wird an den Stößen (den Nahtstellen zwischen Paßstück und verbliebener Schiene) mit Notlaschen befestigt und der Schienenfuß – wie üblich – verspannt

Betrachten wir zunächst die Maßnahmen der Beteiligten beim unbefahrbaren Schienenbruch:

Der Entdecker riegelt das Gleis ab. Das kann geschehen durch Knallkapseln, die 1000 Meter vor dem Bruch auf die rechte Schiene gelegt werden oder durch Anhalten des Zuges durch Kreissignal. Anschließend ist vom *Streckenfernsprecher* aus der Fahrdienstleiter der betreffenden Unfallmeldestelle zu verständigen. Die *Unfallmeldestelle* erreicht man durch den *Notruf*, der von allen Betriebsstellen mitgehört wird: ‚Betriebsgefahr! Haltet Züge zurück!'

Der Fahrdienstleiter der Unfallmeldestelle und der benachbarte Fahrdienstleiter stellen sofort alle Signale auf ‚Halt' und schalten als zusätzliche Maßnahme den Fahrleitungsstrom auf ihren Bahnhöfen aus. Die auf der Strecke liegenden Schrankenposten schließen die Schranken. Der Fahrdienstleiter der Unfallmeldestelle verständigt die Bahnmeisterei, sperrt das Gleis und trifft Maßnahmen zur Weiterführung des Betriebes mit Omnibussen – das ist der *Schienenersatzverkehr*, durch Umleitung der Züge über eine andere Strecke wie in unserem Fall oder durch Befahren des falschen Gleises – das nennt man Falschfahrt. Nachdem die Bahnmeisterei den Schienenbruch beseitigt hat, kann der Regelbetrieb wieder aufgenommen werden (Abb. 87).

Ist ein Schienenbruch für befahrbar erklärt worden, sehen die Maßnahmen etwas anders aus. Vorweg sei erwähnt, daß man beim befahrbaren Schienenbruch den *ungesicherten* und den *gesicherten Schienenbruch* unterscheidet.

Der ungesicherte Schienenbruch darf höchstens mit einer Geschwindigkeit von 5 km/h befahren werden. Ein Sicherungsposten muß dabei den Bruch beobachten.

Der mit Notlaschen gesicherte Schienenbruch muß mit einer Geschwindigkeit von mindestens 20 km/h befahren werden können. Dazu werden *Langsamfahrsignale* aufgestellt. Außerdem erhält das Fahrpersonal einen *Vorsichtsbefehl*.

Die Maßnahmen des Entdeckers sind dieselben wie beim unbefahrbaren Schienenbruch: Gleis abriegeln, Notruf geben, Züge anhalten. Allerdings wird das Gleis beim befahrbaren Schienenbruch nicht gesperrt, sondern stattdessen bis zur Einrichtung einer Langsamfahrstelle ein Sicherungsposten aufgestellt, der den Bruch beim Befahren beobachtet und notfalls den Zug anhalten kann.

Unfallmaßnahmen

Nehmen wir an, ein Zug ist entgleist und einige Wagen ragen in das Profil des Nachbargleises. Um ein weiteres Unglück zu verhindern, riegelt das Zugpersonal das Nachbargleis mit Knallkapseln ab. Außerdem beobachtet der Triebfahrzeugführer die vor ihm liegende Strecke und warnt einen Gegenzug durch Pfeifsignale.

Nach Sicherung des Nachbargleises ruft der Zugführer vom nächstgelegenen Streckenfernsprecher mit Notruf die Unfallmeldestelle und gibt die *Unfallmeldung* ab. Bis zum Eintreffen der zuständigen Dienststellenvorsteher des Bahnhofs oder der Bahnmeisterei, die vom Fahrdienstleiter der Unfallmeldestelle benachrichtigt werden, leitet das Zugpersonal erste Hilfsmaßnahmen an der Unfallstelle ein, indem eventuell Verletzte geborgen und versorgt werden.

Der Fahrdienstleiter der Unfallmeldestelle und der benachbarte Fahrdienstleiter stellen nach dem Notruf des Zugführers alle Signale auf ‚Halt', schalten den Fahrstrom ab und sperren die Gleise.

Anschließend werden – sofern erforderlich – Feuerwehr, Krankenwagen und Ärzte alarmiert und zur Unfallstelle gerufen. Außerdem wird der Hilfszug des nächsten Bahnbetriebswerkes angefordert. Der *Hilfszug* ist ständig in einer bestimmten, festgesetzten Zeit abfahrbereit. Er hat Vorrang vor allen Zügen.

Nach diesen Sofortmaßnahmen leiten die Fahrdienstleiter die Weiterführung des Betriebes ein, wie ich sie eben schon beim Schienenbruch erwähnte.

Die Gleissperrung und die Sperrfahrt

In den letzten beiden Schilderungen ist unter anderem vom Sperren des Gleises die Rede gewesen. Darum soll die *Gleissperrung* an dieser Stelle näher betrachtet werden.

Ein Gleis wird immer von Zugmeldestelle zu Zugmeldestelle gesperrt. Bisher war immer nur von unvorhergesehenen Gleissperrungen die Rede, es gibt jedoch auch die planmäßige Sperrung eines Gleises. Die wesentlichen Unterschiede dieser beiden Sperrarten sind schnell genannt:

WER veranlaßt die Sperrung?

Planmäßig die Bundesbahndirektion oder das Betriebsamt; unvorhergesehen der Fahrdienstleiter.

WANN wird gesperrt?

Planmäßig bei Bauarbeiten, Bedienung von Gleisanschlüssen auf freier Strecke, bei Fahrten mit Lademaßüberschreitung und beim Abstellen von Fahrzeugen auf freier Strecke; unvorhergesehen bei Unfällen und Betriebsstörungen.

WER sperrt?

Ob planmäßig oder unvorhergesehen – immer der Fahrdienstleiter. Er gibt am Telefon den Sammelruf, bei dem sich alle Betriebsstellen der betreffenden Strecke einstellen und meldet zum Beispiel:

‚Gleis von Abzweigstelle Mitte nach Rechtsheim gesperrt!'

Diese Meldung wird in das Zugmeldebuch eingetragen. Aus welchem Grund, ob planmäßig oder unvorhergesehen, ein Gleis auch gesperrt wird – Triebfahrzeuge, Nebenfahrzeuge oder Züge müssen unter Umständen doch hinein, sei es für Bauarbeiten, Hilfsmaßnahmen oder aus anderen Gründen.

Fahrten, die in ein gesperrtes Gleis eingelassen werden, heißen Sperrfahrten. Jede *Sperrfahrt* erhält im allgemeinen einen *Vorsichtsbefehl* – höchstens mit 40 km/h und auf Sicht fahren. Im Gegensatz zum Regelbetrieb, bei dem nur e i n Zug in den Blockabschnitt einfahren darf, können bei Gleissperrungen mehrere Sperrfahrten in den Blockabschnitt eingelassen werden.

Die Gleissperrung darf vom Fahrdienstleiter erst dann aufgehoben werden, wenn sich die Zugführer aller Sperrfahrten bei ihm zurückgemeldet haben. Wie Sie sehen, sind Sperrfahrten zeitaufwendig. Befehle müssen geschrieben werden, Zugmeldungen sind abzugeben und Sperrfahrten sind zurückzumelden. Aus diesem Grund werden bei länger dauernden Bauarbeiten, die eine planmäßige Gleissperrung benötigen, die gesperrten Gleise zu Baugleisen erklärt.

Alle Fahrten, die in *Baugleise* eingelassen werden, gelten nicht als Sperrfahrten, sondern als *Rangierfahrten*.

Rangierfahrten benötigen keine Befehle, fahren ohne Hauptsignal und sind deshalb weniger aufwendig als Sperrfahrten.

Abweichungen vom Regelbetrieb

Bei der Schilderung der Betriebsstörungen ist der Begriff ‚Falschfahren' aufgetaucht.

Ohne weitere Erklärung ist dieser Ausdruck dazu angetan, Sie als Reisenden zu verwirren oder zu verunsichern. ‚Falsch' ruft die Assoziation mit ‚unsicher' hervor und verbreitet Unbehagen. Darum sei vor der Betrachtung der Abweichungen vom Regelbetrieb gesagt, daß die Eisenbahn selbstverständlich nicht ‚falsch' fährt. Diese Formulierung kennzeichnet lediglich eine Form des Betriebsablaufs.

In der Regel fahren die Züge der Deutschen Bundesbahn rechts. Ausnahmen sind lediglich gestattet bei der Einfahrt in Bahnhöfe, in den Bahnhöfen selbst und für zurückkehrende Schiebeloks, die zum Überwinden einer Steigung schwere Züge nachschieben und danach zum Abgangsbahnhof zurückkehren. Wird wegen baulicher Maßnahmen oder aus betrieblichen Gründen das Befahren des falschen Gleises notwendig, spricht die Bundesbahn von ‚Falschfahrten'. Dabei unterscheidet man den Falschfahrbetrieb, den signalisierten Falschfahrbetrieb, den zeitweise eingleisigen Betrieb und den Gleiswechselbetrieb.

Der Falschfahrbetrieb

Das Gleis von der Abzweigstelle Mitte nach Rechtsheim ist wegen eines unbefahrbaren Schienenbruchs gesperrt worden. Der Fahrdienstleiter der Abzweigstelle Mitte benachrichtigt den Fahrdienstleiter in Rechtsheim und führt das *Falschfahren* ein. Diese Vereinbarung erfolgt immer zwischen zwei Zugmeldestellen. Bis zur Aufhebung des Falschfahrbetriebes wird nun jeder Zug angeboten, angenommen, abgemeldet und zurückgemeldet. Dabei erhalten die Zugmeldungen für die falschfahrenden Züge den Zusatz ‚auf falschem Gleis'. Der Fahrdienstleiter der Abzweigstelle Mitte fragt also:

‚Zugmeldung! Wird Zug ... auf falschem Gleis angenommen?'

Rechtsheim antwortet:

‚Zug ... auf falschem Gleis ja!'

Daraufhin meldet die Abzweigstelle Mitte:

‚Zug ... auf falschem Gleis voraussichtlich ab 10!' Das zeitaufwendige Zugmeldeverfahren ist erforderlich, da beim Falschfahrbetrieb die Züge das falsche Gleis mit schriftlichem Befehl befahren und signaltechnisch nicht gesichert sind. Weil also nicht geblockt werden kann, sind Gegenfahrten technisch nicht auszuschließen (Abb. 88). Zug ... fährt von der Abzweigstelle Mitte mit *Befehl B* ab, hält in Rechtsheim in Höhe des ungültigen Einfahrsignals A, bekommt zur Einfahrt vom Fahrdienstleiter in Rechtsheim den *Befehl A* und fährt ein. Anschließend wird er zur Abzweigstelle Mitte zurückgemeldet:

‚Zug ... in Rechtsheim.'

Alle Meldungen werden in die Zugmeldebücher eingetragen.

Der signalisierte Falschfahrbetrieb

Der *signalisierte Falschfahrbetrieb* schließt ebenfalls blockelektrisch keine Gegenfahrten aus. Grundsätzlich wird also wie beim Falschfahrbetrieb verfahren, allerdings treten an Stelle der zeitraubenden schriftlichen Befehle die Signale Zs 8 – Durchfahrt in Abzweigstelle Mitte – und Sh 0/Sh 1 bei der Einfahrt in Rechtsheim.

Das *Schutzsignal* steht in Höhe des ungültigen Einfahrsignals A zwischen den Gleisen. In Höhe des dazugehörenden – ebenfalls ungültigen – Vorsignals a wird eine Vorsignaltafel – Ne 2 – aufgestellt. Der Triebfahrzeugführer muß an dieser Tafel grundsätzlich die Geschwindigkeit verringern, da er nicht erkennen kann, ob das Schutzsignal ‚Halt' oder ‚Fahrt' zeigt. Desweiteren werden die Vorsignaltafel und das Schutzsignal durch Indusi-Magnete gesichert (Abb. 89).

Der zeitweise eingleisige Betrieb

Zwischen Abzweigstelle Mitte und Rechtsheim muß das Gleis in Richtung Rechtsheim auf einer Länge von 2000 Metern erneuert werden. Bei dieser planmäßigen Sperrung wird wegen der längeren Arbeitsdauer der *zeitweise eingleisige Betrieb* eingerichtet. Dabei wird ein Gleisabschnitt mit voller Signal- und Blockbedienung zeitweise eingleisig befahren.

Durch den Einbau von Bauweichen und das Aufstellen von Hauptsignalen und *Hilfsbetriebsstellen* – das sind transportfähige, vollständig eingerichtete Stellwerke – wird diese Form des Betriebsablaufs ermöglicht.

Beim zeitweise eingleisigen Betrieb bleiben die Signale des gesperrten Gleises gültig. Sie werden an die Streckenblockeinrichtung der Hilfsbetriebsstelle angebunden, wodurch neue Abhängigkeiten entstehen. Die Hilfsbetriebsstelle wird für die Dauer der Bauarbeiten Zugmeldestelle. Um dem Triebfahrzeugführer mitzuteilen, daß die Signale des gesperrten Gleises für ihn gültig sind, werden in Höhe des Vorsignals a eine Vorsignaltafel Ne 2 und in Höhe des Hauptsignals A eine Schachbretttafel Ne 4 aufgestellt und beide Tafeln mit Indusi-Magneten versehen (Abb. 90).

Das Zugmeldeverfahren zwischen der Hilfsbetriebsstelle und dem Bahnhof Rechtsheim entspricht dem der eingleisigen Strecke. Die Züge müssen nicht zurückgemeldet werden, da der neu eingerichtete Streckenblock ein *Rückblocken* ermöglicht.

Der *wechselweise ein- und zweigleisige Betrieb,* den die Bundesbahn ebenfalls kennt, entspricht dem zeitweise eingleisigen Betrieb; darum beschreibe ich ihn nicht näher.

Der Gleiswechselbetrieb

Da bei der Bundesbahn – wie ich bereits erwähnte – in der Regel rechts gefahren wird, sind Parellelfahrten demzufolge verboten. Langsamfahrende Züge können also nur auf den dafür vorgesehenen Stellen von schnellfahrenden Zügen überholt werden. Das geschieht auf Bahnhöfen oder auf Überholungsgleisen der freien Strecke.

Auf Strecken mit hoher Zugbelastung und rascher Zugfolge kann der Gleiswechselbetrieb eingerichtet werden, der Parallelfahrten erlaubt und signaltechnisch absichert.

Der *Gleiswechselbetrieb* ermöglicht die ‚fliegende Überholung', das heißt, langsamfahrende Züge können auf dem Gegengleis überholt werden. Der Gleiswechselbetrieb ist einseitig, wenn er für ein Gleis, und zweiseitig, wenn er für beide Gleise einer zweigleisigen Strecke eingerichtet ist.

In unserem Beispiel soll zwischen der Zugmeldestelle X-Stadt und der Zugmeldestelle Linksdorf ein einseitiger Gleiswechselbetrieb vorhanden sein. An technischer Einrichtung setzt er ein zusätzliches Einfahrsignal in Linksdorf, an jeder Gleiswechselstelle auf der freien Strecke zwei Hauptsignale sowie die Streckenblockeinrichtungen für das Befahren des Gegengleises voraus.

X-Stadt hat einen Güterzug nach Linksdorf abgemeldet und abgelassen. Sechs Minuten nach Abfahrt des Güterzuges steht ein D-Zug in X-Stadt abfahrbereit. Bestünde der Gleiswechselbetrieb nicht, müßte der D-Zug von Blockabschnitt zu Blockabschnitt hinter dem Güterzug herfahren, bis er ihn im Bahnhof Linksdorf überholen könnte. In unserem Beispiel jedoch meldet der Fahrdienstleiter in X-Stadt seinem Kollegen in Linksdorf:

‚Zugmeldung! Wird Zug . . . auf Gegengleis angenommen?'

Abb. 88 Befahren des falschen Gleises mit Befehlen

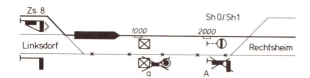

Abb. 89 Der signalisierte Falschfahrbetrieb (Skizze oben). Links unten mit Signal Sh0/Sh1, rechts mit dem neuen Signal Hp0/Zs1

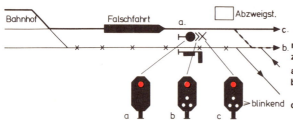

noch Abb. 89 Das neue Signal zeigt drei Signalbilder:
a. Hp 0 bei Halt auf falschem Gleis
b. Hp 0/Zs 1 bei Überwechseln auf das richtige Gleis
c. Hp 0/Zs 8 bei Weiterfahrt auf falschem Gleis

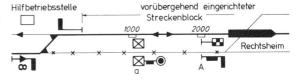

Abb. 90 Der zeitweise eingleisige Betrieb. Die Hilfsbetriebsstelle ist ein transportables Stellwerk

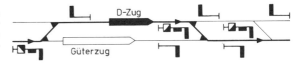

Abb. 91 Der Gleiswechselbetrieb. Der schnellerfahrende D-Zug überholt unterwegs auf dem Gleis der Gegenrichtung den langsamfahrenden Güterzug

‚Zug . . . auf Gegengleis ja!'

‚Zug . . . auf Gegengleis voraussichtlich ab 45.'

Linksdorf blockt das *Erlaubnisfeld* – Sie erinnern sich an den Regelbetrieb auf eingleisigen Strecken – und verschließt damit seine Ausfahrt in Richtung X-Stadt. Der Zug bekommt in X-Stadt daraufhin den Abfahrauftrag. Das Ausfahrsignal wird auf ,,Langsamfahrt" gestellt. Dem Triebfahrzeugführer wird die Fahrt auf dem Gegengleis durch das Zusatzsignal Zs 6 – Gleiswechselanzeiger – mitgeteilt. Der D-Zug fährt aus, überholt unterwegs den fahrenden Güterzug, wechselt nach dem Überholen wieder auf das rechte Gleis über und kommt lange vor ihm in Linksdorf an" (Abb. 91).

Der Eisenbahner blickt auf seine Uhr, dann aus dem Fenster. ,,Meine Damen, meine Herren, wir werden in wenigen Minuten in Z-Stadt sein. Hoffentlich habe ich Ihnen den Betriebsdienst, der Sie – meistens unsichtbar – von X-Stadt bis hierher gebracht hat, einigermaßen deutlich machen können. Mir hat das Erzählen großen Spaß gemacht. Auf Wiedersehen und – falls Sie noch nach B weiterfahren – weiterhin gute Reise." Er tritt aus dem Abteil auf den Gang, gefolgt von Herrn Miermann und der älteren Dame.

Kurz darauf hält der Zug in Z-Stadt. Herr Miermann ist am Ziel.

Epilog

Das Treffen mit den alten Studienkollegen muß ein voller Erfolg gewesen sein.

Am Sonntag, dem 21. März, sieht man einen heiteren Herrn Miermann im D-Zug 328 von Z-Stadt über Rechtsheim und Linksdorf nach X-Stadt fahren. Bereits auf der eingleisigen Strecke von Z-Stadt nach Rechtsheim macht er auf eine junge Dame in seinem Abteil ungeheueren Eindruck mit seiner Schilderung vom Regelbetrieb auf eingleisigen Strecken.

Zwischen Rechtsheim und der Abzweigstelle Mitte erfährt Fräulein Angelika Baar – so heißt die junge Dame – von Herrn Ulrich Miermann staunend die Geschichte vom Schienenbruch im Gegengleis, von Falschfahrten, Umleitungen und sonstigen Abweichungen.

In X-Stadt verlassen beide den Zug.

Sachverzeichnis

Abfahrauftrag 61
Ablaufen 48
Abmelden 13
Abstand 53
Abstoßen 48
Abzweigstelle 12
Anbieten 64
Anfangsfeld 21, 61
Annehmen 64
Anrückmelder 56
Anrufschranke 54
Anschluß 53
Anschlußstelle 12
Aufschreibungen (über
 den Zugverkehr) 56, 61
Ausfahrgleis 49
Ausfahrsignal 21, 24
Ausweichanschlußstelle 13

Bahnanlagen 11
Bahnhof 11
Bahnhofsblock 20
Bahnhofsfahrordnung 60, 64
Bahnübergang 37, 54
Bahnübergangsposten 57
Bahnübergangssignale 37
Baugleis 46, 71
Bedingtes Anbieten
 (und Annehmen) 65
Befehle (A, B) 21, 42, 49, 56, 72
Befehlsabgabefeld 20, 61
Befehlsempfangsfeld 20
Befehlsstellwerk 16
Betriebsgefahr 70
Betriebsleitstelle 14
Bildfahrplan 58
Blinklichtanlage 39, 54
Blockabschnitt 20, 61

Blockanlagen 20
Blocksignal 21, 24
Blockstelle 12, 56
Blockstrecke 11
Bremsartwechsel 51
Bremsbeamter 50, 51
Bremskupplung 50
Bremsleitung 51
Bremsprobe 50
 (vereinfachte) 50
 (volle) 50
Bremsstellung 50
Bremswegabstand 25, 57
Bremszylinder 52
Buchfahrplan 36, 60

Deckungssignal 24
Deckungsstelle 12
Dienstzug 13
Drucktastenstellwerk 14
Durchgehendes Hauptgleis 13
Durchrutschweg 21, 49, 64

Einfahrgleis 49
Einfahrsignal 24
Endfeld 21, 64
Endstellwerk 16
Erlaubnisfeld 21, 65, 75
Ersatzsignal 21, 25

Fahrdienstleiter 16
Fahrdienstüberwachung 14
Fahrplananordnung 60
Fahrplan für Schrankenposten 56, 60, 61
Fahrstraße 14, 16, 17, 61
Fahrstraßenfestlegefeld 20, 49, 64
Fahrstraßenhebel 17, 21, 64
Fahrstraßenschubstange 17
Fahrweg 14, 16
Falschfahren 67, 72
Flankenschutzeinrichtung 17, 61
Formsignal 17
Führerbremsventil 50, 52

Gegengleis 32
Gleisbelegungsplan 60
Gleissperrung 71
Gleiswechselbetrieb 73
Grenzzeichen 48
Güterwagen 13
Güterzug 13

77

Halbschranke 39, 54
Haltepunkt 12
Haltestelle 12
Hauptbahn 33, 37, 54, 57
Hauptgleis 13
Hauptluftbehälter 50
Hauptluftleitung 50, 52
Hauptsignal 20, 24
Hilfsbetriebsstelle 73
Hilfsluftbehälter 50, 52
Hilfssperre 21, 49
Hilfszug 70

Indusi 41

Kleinlokomotive 13
Kleinwagen 13, 67
Kreuzung 53

Lademaßüberschreitung 49
Langsamfahrsignal 32, 70
Langsamfahrstelle 32, 54
Lastwechsel 50
Lichtsignal 17
Lichtzeichen 39, 54
Lokomotive 13
Lü-Sendung 49

Mittelstellwerk 16

Nebenbahn 33, 37, 54, 57
Nebenfahrzeug 13
Nebengleis 13
Nebensignal 37
Notbremsventil 53
Notruf 70

Oberzugleitung 14

Rangierabteilung 48
Rangierfahrt 46, 71
Rangierhalttafel 49
Rangierleiter 46
Rangiersignal 46
Rangierstellwerk 16
Regelfahrzeug 13
Regelzug 13
Reisezug 13
Reisezugwagen 13
Rottenwarnsignal 41
Rückblocken 21, 64, 73

Rückmelden 13, 67

Sammelbefehl 42
Schienenbruch 69
  (gesicherter) 70
  (ungesicherter) 70
Schienenersatzverkehr 70
Schrankenanlage 54
Schranke (fernbedient) 54
  (nahbedient) 54
Schrankenposten 55
Schutzsignal 36, 73
Schwerkleinwagen 13
Selbstblocksignal 24
Sicherungsposten 41
Signalabhängigkeit 17, 21
Signalanlagen 16
Signalfernsprecher 41
Signalflügelkupplung 21, 65
Signalisierter Falschfahrbetrieb 72
Signalzugschlußstelle 21
Sonderzug 13
Sonderzugfahrplan 60
Sperrfahrt 71
Spurplanstellwerk 14
Stellwerk 14
  (elektromechanisches) 14
  (mechanisches) 14
Steuerventil 52
Strecke (freie) 11
Streckenblock 13, 20, 57
Streckenfahrplan 60
Streckenfernsprecher 41, 70
Streckenstellwerk 16
Streckentastensperre
  (elektrische) 21, 64, 67

Triebfahrzeug 13
Triebwagen 13

Unfallmelderuf 12
Unfallmeldestelle 12, 70
Unfallmeldung 70

Verschluß 17
Verschlußkasten 17
Verschlußstück 17
Voranzeiger 25
Vorblocken 21, 61
Vorsichtsbefehl 42, 70, 71
Vorsichtswagen 48

Vorsignal 25
Vorsignalwiederholer 25

Wachsamkeitstaste 41
Wärterstellwerk 16
Wartezeitvorschrift 53
Wechselweise ein- und zwei-
    gleisiger Betrieb 73
Weichenwärter 16
Wendezug 13

Zeitweise eingleisiger Betrieb 73
Zentralblocksignal 24
Zentrale Transportleitung (ZTL) 14
Zentralstellwerk 16
Zug 13
    (nachgeschobener) 13
    (geschobener) 13
    (gezogener) 13
    (Wende-) 13
Zugbahnfunk (ZBF) 42
Zugfahrt 48
Zugfolgestelle 12
Zugleitung 14
Zugmeldebuch 55, 61
Zugmelderuf 13, 61
Zugmeldestelle 12, 55
Zugmeldung 12, 55, 56
Zugschluß 16, 61
Zugsicherung (induktive) 41, 57
Zugtrennung 53
Zugüberwachung 14
Zusatzsignal 25
Zustimmungsabgabefeld 20
Zustimmungsempfangsfeld 20, 64
Zwischensignal 24